ARMAND HUBERT & GEORGES STEVENIN

Les Crimes de la République

L'Attentat de Toul

« En nous frappant, on nous désigne. »

PARIS

MAXIME GILLET, ÉDITEUR

26, RUE DES PETITS-CHAMPS, 26

L'ATTENTAT DE TOUL

ARMAND HUBERT & GEORGES STEVENIN

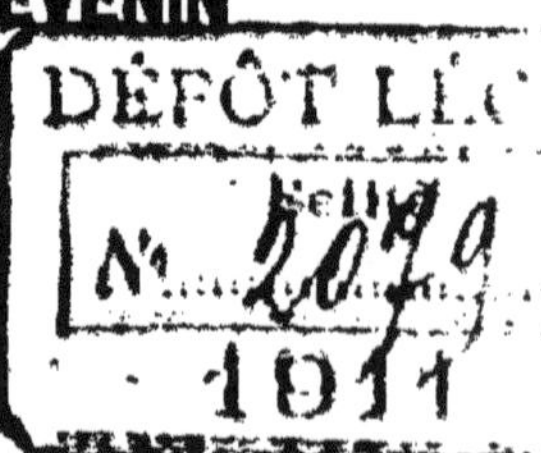

Les Crimes de la République

L'Attentat de Toul

« En nous frappant, on nous désigne. »

PARIS

MAXIME GILLET, ÉDITEUR

26, RUE DES PETITS-CHAMPS, 26

Ce livre est dédié

à la mémoire

de GABRIEL *SYVETON,*

député,

Chef des Partis d'Opposition,

assassiné par ordre, le 8 décembre 1904,

la veille du jour

où il devait parler en Cour d'Assises,

c'est-à-dire devant le Pays.

Il a été tiré de cet ouvrage
quinze exemplaires numérotés sur papier impérial du Japon
et cinquante exemplaires sur papier Hollande.

L'ATTENTAT DE TOUL

Maxime Réal del Sarte

« Maxime Réal del Sarte! Voilà un jeune homme qui a beaucoup fait parler de lui », me disait tout dernièrement quelqu'un. — « Oui, mais que l'on ne connaît pourtant pas suffisamment, lui répondis-je, car tous ceux qui le connaissent l'aiment et l'admirent. »

Je sais qu'aujourd'hui, grâce à notre chère Action Française, de nombreux ligueurs connaissent Maxime et qu'il leur a laissé à tous un souvenir impérissable. Il faut, pour que ce souvenir soit plus profondément gravé dans le cœur, avoir vécu sa vie de la Santé. Seuls peut-être, ses anciens condisciples de la rue de Madrid ont eu le bonheur de goûter ainsi son intimité.

Pour le comprendre, il faut avoir accompli récemment, comme l'occasion m'en a été fournie, ce pèlerinage, connu seulement de quelques-uns d'entre nous, aux lieux dont il nous enseigna le chemin : c'est-à-dire passer successivement par toutes ces épreuves que Maurice Pujo a si spirituellement retracées dans *Nos Prisons*. Avoir connu l'arrestation mouvementée avec tout son cortège de coups de poing, de pied, de canne; avoir entendu les rapports mensongers et grotesques de certains gardiens de la paix terrorisés, auxquels un commissaire finissait par faire croire qu'ils avaient été insultés, dans le seul but d'établir son procès-verbal. S'être morfondu pendant vingt-quatre heures, seul ou en compagnie d'individus mal famés, dans un local étroit, suffoqué par une atmosphère malsaine, assoupi sur des banquettes de bois. Le matin, dès la première heure, effectuer le légendaire voyage dans le panier à salade traditionnel, où l'on apprend, comme en un confessionnal éhonté, les aventures les plus désopilantes des cambrioleurs, les intrigues les plus ordurières des courtisanes et les crimes les plus affreux des scélérats. Échouer, brisé, vers les 7 heures du soir à la Santé, cette maison triste qui rappelle la féodalité, non seulement par le crénelage de ses tours, la hauteur de ses remparts, l'étroitesse de ses ouvertures et l'austérité générale de son allure, mais bien plus peut-être par la domination seigneuriale qu'y exerce M. Schrameck, et les moyens de torture dont il s'y sert. Expérimenter de sa personne ces tortures elles-mêmes, puis passer une nuit sans drap et sans souper dans les cellules étroites, humides et sales du quartier bas, où l'on relève des inscriptions consolantes dans le genre de celle-ci (1) : « Celui qui passera dans cette boite pourra me remercier, car j'ai tué au moins deux cents punaises et trois cents puces Signé : Julot du Montpar.. » Troquer au bout de quatre ou cinq jours ce gite contre un de ceux du quartier haut

1. Cette inscription authentique a été copiée très récemment et mot pour mot dans la cellule 65 de la 4e division. — A. H.

plus hygiéniques, plus aérés. Goûter pendant tout ce temps à la cuisine empoisonnante d'un restaurant qui vous vole. Comparaître de temps en temps devant le Directeur, avoir avec lui des discussions interminables sur l'inexactitude démesurée des courriers qui vous parviennent avec trois jours de retard. Trouver dans tous ces endroits des traces de notre héros ou de ses amis, et finalement obtenir le régime politique auquel on a droit. Voilà résumés, aussi brièvement que possible, tous les ennuis qu'il faut avoir souffert pour sa cause, avant de saisir entièrement combien plus que tout autre Maxime Réal del Sarte est digne de notre admiration et de notre amitié.

On doit connaître aussi toutes ces choses et le renoncement qu'elles exigent, si l'on tient à comprendre pourquoi un tout jeune homme peut inspirer tant de haine à de vieux retors de la politique enjuivée. Bien des Français, en effet, mis en présence de faits isolés, s'étaient déjà révoltés avant lui ; mais leurs actes n'avaient été que des soubresauts d'indignation, vite calmés par les sanctions pénitentiaires. La campagne d'action directe entreprise en 1909 avait montré, au contraire, qu'elle était fondée sur des convictions et qu'elle ne reculerait devant aucune peine, pour réaliser un but qu'elle avait la prétention de poursuivre par tous les moyens. C'était une lutte acharnée contre le régime où Maxime Réal del Sarte avait pris la plus large part, entraînant à sa suite toute l'élite de la jeunesse française. Voilà ce qui avait ému l'adversaire; de là était né un sentiment de rancune impérieuse et violente qui ne pouvait s'assouvir que par le crime. — A. H.

Le départ de la Classe

Quand Maxime sortit de la Santé, il reprit avec énergie le bon combat. Mais quelques mois à peine le séparaient du départ de la classe et, produisant jusqu'au bout son audace à la tête de toutes les manifestations, il dut d'un autre côté faire face à des préoccupations sérieuses. Son père, dont la mort était venue le surprendre dans des circonstances pénibles, l'avait laissé chef de famille, unique soutien d'une mère et de quatre frères et sœur plus jeunes que lui. L'administration du recrutement a l'habitude, on le sait, d'accorder sur la demande des fils aînés de femmes veuves, une situation militaire plus rapprochée de leurs intérêts, de leurs affections; cet usage est devenu, depuis la mise en vigueur de la loi de deux ans, un devoir d'autant plus impérieux que ces jeunes soldats ne bénéficient plus comme auparavant d'une dispense, que l'on a supprimée sous prétexte d'égalité, mais qui servait en sa faible mesure à réparer les inégalités de la vie. Et les tracasseries, les vexations continuelles dont les siens étaient victimes de la part de la police, les soucis matériels et moraux inhérents à sa situation faisaient un devoir au président des Camelots du Roi de solliciter cette faveur. Il fit les démarches nécessaires et obtint sa feuille de route pour Laon, bien qu'à son insu il eût déjà été désigné pour la garnison de Toul. Quelques jours après, à sa grande surprise, deux soldats se présentèrent à son domicile chargés de lui remettre un nouvel ordre de route pour l'Est et de rapporter celui qui l'envoyait à Laon.

D'ORES ET DÉJA UNE VOLONTÉ OCCULTE, MAIS IMPÉRATIVE ET FORMELLE, EXIGEAIT QU'AU MÉPRIS DES USAGES ET DE LA JUSTICE, MAXIME RÉAL DEL SARTE FUT ENVOYÉ A TOUL.

Il en prit vite son parti, mais son cœur dut saigner de laisser ainsi brusquement tous les siens abandondonnés à eux-mêmes. C'est auprès de l'autel qu'il alla demander l'appui moral nécessaire pour consommer ce nouveau sacrifice.

A Saint-Lambert de Vaugirard, le 26 septembre 1909, entouré d'un grand nombre de conscrits, Maxime, portant le drapeau tricolore à l'effigie du Sacré-Cœur, entendit la messe de la classe, après quelques mots d'encouragement de M. l'abbé Lémond, curé de la paroisse, suivis d'un discours énergique du général Canonge.

Le 30 septembre un joyeux banquet fêta, comme il seyait, tous les conscrits d'Action française. Henri Vaugeois, Jules Lemaître, Maurice Pujo, Grégori, le vengeur du Panthéon, le commandant Héry, M. le baron Tristan Lambert et Lucien Lacour y prirent tour à tour la parole exprimant dans un même enthousiasme leur joie, leur espérance de voir ainsi partir, en la saluant avec émotion, cette troupe d'élite que, dans son article du lendemain, notre cher maître Léon Daudet appelait avec couleur la « Classe du Roi ». Maxime répondit par des adieux touchants à ceux qu'il allait quitter, par des encouragements énergiques à ceux qui l'accompagnaient à la frontière.

Retenons, ici, quelques passages saillants de son discours :

Je pars : c'est vrai ; mais pour servir la France, notre Patrie bien-aimée.

Notre rêve à tous n'est-il pas de nous dévouer pour elle ?

. . . .

Pour les républicains, la patrie n'est qu'une idée abstraite et par là souvent bien fragile. Pour les royalistes, elle se personnifie, elle se symbolise en Philippe VIII, dans ses prédécesseurs et ses successeurs immortels.

. . . .

Nous tâcherons enfin, en conservant intact notre casier militaire, d'établir un contraste avec notre casier judiciaire déjà si chargé.

Devons-nous pour cela éteindre l'ardeur de nos convictions. Devons-nous tenir cachés ces trésors de vérité qui nous tourmentent ?

Certes non, nous sommes trop fiers d'aimer la France, trop fiers d'avoir trouvé pour elle la route du salut, trop fiers d'avoir compris *le roi !*

Mais c'est précisément lorsque nous aurons satisfait aux obligations de la discipline, lorsque nous serons devenus des soldats modèles, que nous pourrons servir utilement notre cause. C'est lorsque nous nous serons rendus sympathiques que nous pourrons espérer faire bénéficier de cette sympathie personnelle les idées qui nous animent.

Avant de vous quitter, laissez-moi vous donner rendez-vous aux pieds de la Vierge des Victoires. Près d'elle nous irons retremper notre ardeur pour la vie militaire où nous allons entrer en la priant de bénir nos efforts et de nous accorder la grâce d'être de bons soldats français.

Il est bon d'avoir lu ces phrases concises, qui ne permettent pas de mettre en doute les sentiments et les convictions de Maxime Réal del Sarte, à ceux qui ne le connaîtraient pas par ailleurs, pour juger cet entrefilet paru le 7 octobre dans *la Petite République :*

Est-il vrai que certains Camelots du Roi qui partent au régiment cette année et qui furent affectés dans des garnisons de l'Est ont sollicité d'être envoyés dans des régiments proches de Paris? Il serait curieux tout de même de constater que ces jeunes gens, qui font montre d'aussi vifs sentiments patriotiques, aient cherché à échapper au service intensif de notre frontière.

Cette note tendancieuse, dont la réfutation ne sera pas donnée ici, parce qu'elle est déjà constituée par les faits exposés dans les pages précédentes, visait uniquement le président des Camelots du Roi, ainsi que l'a prouvé la courte polémique engagée les jours suivants entre *la Petite République* et *l'Action Française.* Elle nous fournit à l'heure actuelle un document précieux, capable de nous montrer de quel côté s'exerçait cette volonté intransigeante qui voulait que Maxime allât à Toul. Qui donc, en effet, pouvait avoir mis *la Petite République* au courant de la mesure cruelle prise à l'égard du conscrit, sinon un ennemi politique bien déterminé ? C'était à nos yeux une tracasserie ajoutée aux mille et une malveillances, dont Maxime était l'objet à cette époque ; et l'on devrait encore en juger ainsi, si l'attentat ignominieux, dont nous nous sommes proposé d'écrire l'histoire n'avait failli couronner l'ensemble des mesures vexatoires que nous aurons à constater, tout au long de ce volume, comme le résultat s'apprête le plus souvent à couronner des efforts qui nous étaient apparus seulement comme des gestes.

« A tout seigneur tout honneur », dit le proverbe, et nous pensions que Maxime partageait avec les officiers disgraciés du gouvernement le sort plus dur d'un service intensif, mais aussi l'honneur plus grand de faire partie des régiments d'élite, qui sont appelés à recevoir le premier choc en cas d'alarme.

Le 8 octobre, Maxime Réal del Sarte partait pour le régiment, ayant réalisé ce qui, au point de vue politique, lui tenait le plus à cœur pendant son séjour à la Santé : l'organisation solide des Camelots du Roi, dont il restait l'aimé président. En quelques semaines, il avait consacré à cette œuvre toute son énergie, parce qu'il savait qu'une fois le seuil de la caserne franchi, il laisserait de côté la politique et ne s'occuperait plus dès lors que de servir la France.

Tracasseries et préparatifs

Je ne sais quelle impression dut faire sur Maxime le voyage tumultueux des conscrits, dans un train lent, à travers l'atmosphère malsaine de gens, pour la plupart malpropres, entassés dans ce matériel vieilli et disloqué. Les opinions les plus diverses qui d'usage sont échangées sur la vie de caserne, les officiers, les blagues de régiment et toutes les choses militaires, narrées par les plus fanfarons avec la moindre exactitude, ne l'occupèrent sans doute que fort peu. Peut-être une légère émotion réussit-elle à s'emparer de lui, quand musique en tête, sous les regards railleurs des Toulois, il traversait les rues de la place forte, au pas mal assuré des nouveaux troupiers dont il faisait partie. Ce qu'il y a de certain, c'est que malgré la dureté de sa couche, il goûta ce soir-là, de bon cœur, les douceurs d'un sommeil réparateur.

Son premier sentiment fut empreint de tristesse, quand il eut pris conscience de cet isolement intellectuel et moral, auquel est soumis dans le rang le soldat, habitué dans la vie civile à une fréquentation d'élite. Mais Maxime réagit vite; car il connaissait cette épreuve, pour l'avoir rencontrée dans des lieux plus rudes, lors de sa première détention.

Maxime Réal del Sarte avait été affecté à la 10e compagnie du 156e régiment d'infanterie. Dès le début de son incorporation, son capitaine l'avait fait mander :

« Vous êtes bien Réal del Sarte, le président des Camelots du Roi ?

— Oui, mon capitaine.

— Je suis heureux de vous avoir dans ma compagnie, reprit l'officier. Soyez un bon soldat; faites votre possible pour réussir et, de mon côté, je ferai le mien pour vous aider. »

Et comme son subordonné l'assurait de sa ferme intention de n'être à la caserne qu'un soldat discipliné, tout en manifestant clairement son ambition de devenir un soldat modèle, le capitaine continua :

« Je vous engage à suivre le peloton des élèves-caporaux; le service vous sera plus dur pendant quelque temps, mais il est de votre devoir de donner l'exemple; vous en serez récompensé par les grades que vous pourrez obtenir. D'ailleurs, je vous y inscris d'office.

— C'est un grand plaisir pour moi, mon capitaine, et je vous en aurais fait la demande, si vous n'aviez pris les devants. Mais ne pourrais-je aussi figurer parmi les élèves officiers de réserve?

— Bien volontiers, je vous y inscrirai également. Il est bon que les jeunes gens instruits nous apportent un effort constant. A ce propos, j'espère que vous voudrez bien m'assister auprès des trop nombreux illettrés que nous envoie le recrutement; un de vos camarades vous soutiendra dans cette tâche. »

En acceptant cette dernière proposition avec le plus grand plaisir, Maxime songeait aux longs instants de patience qu'il avait consacrés à la Santé, pour apprendre à lire aux grévistes, condamnés par ordre de Clemenceau. Il est triste de songer qu'un jour ces hommes, ouvriers et soldats, instruits par un royaliste, liront dans quelque organe d'instituteurs que « la République a combattu l'ignorance accréditée par la

Royauté ». Espérons qu'alors ils sauront lire.......... entre les lignes.

La revue du général de brigade Desforges se fit quelques jours plus tard. Les soldats Réal del Sarte et M..... sortirent du rang sur l'invitation du général, qui donna aux officiers des ordres précis pour que les deux jeunes soldats se vissent accorder toute facilité pour l'obtention du brevet d'officier de réserve. Alors notre ami se mit au travail et ne douta plus de l'avenir.

La joie fut de courte durée.

L'armée avait montré sa bonne composition. La République, maintenant, allait tendre de tous ses efforts à empêcher un royaliste de prendre du galon. Sous ce régime, la politique est partout, à la caserne, à l'église même. Ce gouvernement ne peut vivre sans elle, obligé qu'il est de veiller à sa conservation. Une institution, solide et forte, étrangère à la politique, mettrait ses jours en péril. Par son essence, la République est antifrançaise; par son existence, l'armée est nationale et française. L'intérêt de l'un est opposé à l'autre. La politique, en infusant le favoritisme et la franc-maçonnerie au régiment, maintient et dompte momentanément l'armée française, en attendant de la faire disparaître. Les faits dont Maxime Réal del Sarte a été victime ne nous ont pas surpris. Ils ont confirmé notre manière de voir. Pour nous, c'est la résultante et la conséquence fatale des idées démocratiques. Il entre dans la politique de ce régime d'attaquer l'armée par l'armée.

Deux jours plus tard, des ordres spéciaux du Ministère parvenaient au colonel Joly, qui venait de demander des leçons de sculpture à notre ami. Maxime apprend, au comble de la stupéfaction, qu'il lui est interdit de suivre le peloton, de briguer aucun grade, et qu'il sera surveillé de près par la police. « Ce sont les ordres du colonel; ce sont les ordres du Ministère de l'Intérieur », lui dit son capitaine qui lui offre aussitôt une place dans un bureau. Maxime refuse énergiquement et se cantonne aussitôt dans son droit, en exigeant de faire partie du peloton des élèves-caporaux. Ses démarches ne réussissent pas plus auprès du général Desforges qu'auprès du colonel Joly.

A la Toussaint, Maxime vint passer deux jours à Paris et informa ses amis de ce mauvais début. Les choses ne devaient qu'empirer. A son retour, il est changé de compagnie, après quelques tergiversations du colonel. Le 6 décembre, il est affecté à la 8e compagnie. Il demande à parler au colonel qui lui fait répondre par son capitaine, « *qu'il le changeait de compagnie pour l'empêcher de suivre le peloton* », qu'il le plaçait d'ailleurs dans une compagnie où il serait tranquille, et qu'il y veillerait personnellement.

« *Le colonel Joly avait pris cette décision nouvelle après avoir reçu une lettre du général Toutée, attaché au Ministre de la Guerre.* » Mais il oubliait qu'un colonel est seul maître de son régiment.

« Je n'ai qu'un désir, ajouta le colonel Joly (sans « doute avec l'accent de Ponce-Pilate), c'est que Réal « suive le peloton. Dites-lui de continuer à apprendre « la théorie, et, puisqu'il a des amis, — qu'il me fasse « forcer la main par le général de brigade ou par le « général de division. Seulement, je veux être cou« vert! Priez-le de demander à ses amis d'agir dans « ce sens (*sic*). »

« A ce moment, sans doute, le colonel poussa un soupir de soulagement. Plus libre, il ajouta :

« Il a de bonnes opinions, ce jeune homme. Vous « me dites qu'il est plein de patriotisme, qu'il a des « sentiments religieux, que c'est une nature d'élite. « Eh bien! dites-lui qu'il a une bonne occasion de « faire de la propagande pour ses idées dans le milieu « nouveau où je le place (*sic*). »

Cette nouvelle vexation avait été jointe aux autres par la pudeur du colonel Joly. Ce dernier craignait que la décision, qu'il n'avait pas prise, mais qu'il se voyait obligé d'exécuter pour obtenir le nouveau grade qu'il sollicitait dans la Légion d'honneur, ne fît scandale à la chambrée. Outre le règlement, les convenances et la parole donnée, qui s'opposaient à ce que l'on frappe un soldat qui n'avait pas démérité, un obstacle se dressait terrible : Maxime était le premier classé du peloton. Pour que l'injustice ne fût pas flagrante, le changement de compagnie s'imposait.

La lettre qu'avait reçue au mois d'octobre le colonel Joly du commissaire spécial était ainsi conçue :

J'ai l'honneur de vous prier de vouloir bien m'informer très exactement de l'heure, de la destination, de la durée des permissions qu'obtiendra le soldat Maxime Réal del Sarte.

Veuillez agréer, etc...

Signé : FOUGÈRE,

Commissaire spécial.

Mais le fonctionnaire Fougère, jugeant mal commode la besogne qui lui était imposée, exigea qu'on lui fit connaitre le soldat en question. Une ingénieuse comédie fut préparée. Maxime Réal del Sarte reçut l'ordre de se mettre en tenue de jour, puis reçut un pli cacheté portant la mention « très confidentiel », avec mission de le remettre au commissaire spécial. Un colonel de l'armée française, pour gagner un bout de ruban, s'était prêté à une infamie; il avait remis sous enveloppe une feuille de papier blanc à son inférieur, pour que ce dernier puisse être connu de vue du commissaire et de ses mouchards.

Cette volonté cachée mais omnipotente, que nous avons déjà signalée, s'exerçait toujours partout et sur tous. De même qu'il avait été désigné pour Toul, et qu'il était maintenu soldat de deuxième classe, Maxime était d'ores et déjà confié tout entier au citoyen Fougère.

La méthode fit école. C'est ainsi qu'un lieutenant, posté à la gare, prenait soin d'appeler Maxime bien haut par son nom, lorsqu'il se rendait à Nancy. Cette interpellation sans rime ni raison avait cependant son motif pour les argousins qui entouraient Maxime et qui n'avaient pu assister à son entrevue avec le commissaire spécial.

Tous les tourments furent infligés au jeune homme, qui dès lors se vit abandonné à lui-même. Les permissions les plus pressantes lui sont accordées, puis arrachées des mains au dernier moment. Réclamé par un capitaine dans un fort voisin de Toul, il se voit congédié avec plaisir par son colonel, puis rappelé brusquement à sa première affectation.

Ballotté, soumis aux chocs périodiques et inévitables de ses actes avec une indomptable volonté qui dispose de sa personne, Maxime supportait toutes ces injustices en silence, mais revendiquait avec acharnement son droit de suivre le peloton et d'aspirer aux grades. Un jour, son capitaine l'engagea, de la part du colonel Joly, à mettre en jeu certaines influences dont il le savait pouvoir disposer. Un mot de regret pour les actes politiques de l'intéressé devait assurer le succès de l'entreprise. Réal del Sarte s'indigna de cette insinuation.

« Jamais, mon capitaine, jamais on ne me fera commettre cette lâcheté. J'ai agi en pleine conscience. J'ai agi ainsi parce que c'était mon devoir, et j'agirai ainsi demain, — une fois que j'aurai quitté l'uniforme de soldat, — parce que ce sera mon devoir. »

Le capitaine comprit qu'il était inutile d'insister.

« Du reste, ne put-il s'empêcher d'ajouter, j'estime les gens qui ont le courage de leur opinion. »

Les choses en étaient là, quand dans les premiers jours de janvier, Maxime eut une entrevue avec son colonel. Le dialogue qui s'en suivit mérite d'être rapporté. Le colonel commence d'un ton embarrassé :

« Voilà : vous ne pouviez plus continuer à suivre le peloton. Vous seriez passé le premier à l'examen, je le savais. J'aurais été obligé de vous nommer, — et alors... c'est moi qui étais pris. Vous avez, continua-t-il, beaucoup de condamnations. On m'a dit que vous aviez été condamné pour avoir insulté cette haute et suprême magistrature qui garde les lois : la Cour de Cassation...

— Mon colonel, répondit Maxime, je n'ai pas été condamné pour cela, mais il est exact que j'aie insulté la Cour de Cassation. J'ai rappelé à ces misérables faussaires — qui ont violé la loi pour réhabiliter le traître juif Alfred Dreyfus, désorganisateur de l'armée et de la France elle-même, — qu'ils étaient des prévaricateurs et des bandits... »

Le colonel courut fermer la porte.

« N'empiétons pas, se hâta-t-il de dire, sur le terrain de la politique! Je dis que vous avez insulté la Cour de Cassation qui garde les lois, et que votre situation serait étrange...

— Mon colonel, je vous prierai de remarquer que, dans la circonstance, j'ai été le défenseur des lois contre ceux qui, en ayant la garde, ont commencé par les violer pour livrer la France aux Juifs et la soumettre à leur tyrannie.

— Enfin, je ne veux pas vous permettre de gagner des grades, parce que je ne veux pas, par scrupule, vous exposer un jour entre votre devoir militaire et votre conscience : je sais que vous n'hésiteriez pas un seul instant!...

— Mais, mon colonel, nous en sommes tous là!...

— Vous avez des condamnations pour outrages aux agents.

— Mon colonel, nous n'avons pas outragé les agents, car cela est contraire à nos principes. Ces poursuites pour outrages n'étaient que de misérables et faux prétextes, des vengeances de ceux qui n'osaient pas nous poursuivre pour nos vrais crimes, parce qu'ils se sentaient coupables de forfaiture et de faux.

— Attendez! laissez-moi terminer. Je m'y perdrais! (*sic*). Je sais bien qu'on peut distinguer entre des condamnations, entre un délit de chasse, par exemple, et un délit correctionnel. Mais des « outrages aux agents »! Un seul, on pourrait fermer les yeux, mais quatre! sans compter vos insultes à la magistrature suprême!

— Mon colonel, il n'y a pas que des délits de chasse et des délits correctionnels. Il faut distinguer aussi entre les délits de droit commun et les délits politiques. Les miens sont de ces derniers, et ils ont été jugés tels par l'administration elle-même, puisque j'ai subi mes peines au régime politique.

— Pouvez-vous en avoir la preuve écrite? demanda le colonel précipitamment. Demandez-la donc au directeur de la Santé. Je la communiquerai au général de brigade... En attendant, ajouta-t-il, continuez à apprendre à part votre théorie. Comme soldat, personne n'a rien à vous reprocher, dit-il, en regardant le capitaine et le commandant-major qui assistaient à l'entretien.

— Mon colonel, je suis très satisfait du soldat Réal, déclara le capitaine.

— Au point de vue moral et social, vous pouvez faire beaucoup de bien aux hommes de votre compagnie et *lorsque des conférences pourront être faites sur Jeanne d'Arc, par exemple, c'est à vous que nous nous adresserons.* »

Ce colonel était décidément la crème des hommes. Il avait bien livré Maxime entre les mains du commissaire central de Toul, qui exerçait une surveillance étroite sur les moindres pas et démarches du jeune soldat. Ce fonctionnaire s'acquittait même de cette charge avec une ostentation qui avait frappé bien des esprits. Mais, après tout, c'était une sécurité pour le surveillé, et si son avancement était compromis, ses jours n'étaient pas en péril. Aussi, Maxime accueillit-il avec une bonne humeur mêlée d'insouciance, deux lettres anonymes qui lui parvinrent coup sur coup. La première disait :

« Méfiez-vous quand vous prendrez la garde. »

La seconde, moins précise, contenait ces mots :

« Savez-vous ce que peuvent cacher l'ombre et le silence ? Méfiez-vous. »

On était alors le 27 janvier.

L'Action Française et la famille de M. Réal del Sarte étaient au courant de toutes ces menées sournoises et malintentionnées ; de longues révélations auraient été faites sur ces faits propres à soulever l'indignation de tous les honnêtes gens, si un scrupule n'avait arrêté les partisans du nationalisme intégral. Fallait-il, pour une question de personnalité, salir par contre-coup l'armée déjà si affaiblie, en citant le nom d'un officier qui avait manqué à son devoir vis-à-vis d'un inférieur d'une façon à la fois aussi basse et aussi criminelle ? A cette question l'Action Française avait répondu : non.

Il fallait qu'un événement plus grave vînt la forcer à divulguer la vérité.

L'assassinat

Le samedi 19 février, le lieutenant F..., du 156e, demanda à Maxime Réal del Sarte de lui rendre un service. Il s'agissait d'aller le lendemain soir à Villey-le-Sec porter un livre au capitaine C...

Trois routes vont de Toul à Villey-le-Sec. Celle de Nancy, belle, large, très fréquentée, la plus courte des trois. Celle de Dommartin, plus étroite, continuellement sous bois, presque plane, prise généralement par les cyclistes. Celle de Chaudeney, très accidentée, parcourue le plus souvent par des voyageurs, des excursionnistes ou bien des soldats se rendant au fort.

Maxime accepta. Le lendemain dimanche, 20 février, vers cinq heures du soir, il se rendit au café, où il commit l'imprudence de parler au public de son petit voyage. Puis au garage encore, il exprima son intention de suivre la route des bois (route de Dommartin) pour se rendre auprès du capitaine C...

Vers six heures, il faisait déjà nuit, Maxime monte à bicyclette et prend le chemin qu'il venait d'indiquer.

A mi-chemin de Villey-le-Sec, entre la redoute de Dommartin et celle de Chaudeney, alors que le taillis bordant la route devenait plus épais, notre ami ralentit sa machine, dans le but de gravir à pied une montée. Il s'apprêtait à sauter de bicyclette. A ce moment, un coup de feu est tiré du fourré droit de la route et atteint à la cuisse gauche au moment précis où il enjambait le cadre.

Réal del Sarte eut l'impression d'un choc et tomba à terre avec sa machine.

Loin de se douter de l'infâme agression dont il était victime, il se dresse sur les genoux, croyant à une mauvaise plaisanterie et ne sentant pas encore sa blessure.

Comme il achevait en souriant de se relever, un nouveau coup de feu partit, et il l'aurait reçu en pleine poitrine si d'un mouvement instinctif, il ne s'était rejeté en arrière. Le coup perfora la capote et la tunique à l'extrémité de l'épaule.

Ne pouvant plus douter de la tentative d'assassinat, Maxime tira sa baïonnette et s'élança à la poursuite des meurtriers. Il vit deux ombres s'éloigner rapidement, puis entendit un cri : « Sauvons-nous. » Malgré son courage et la force de son tempérament, notre ami ne put les atteindre; six pas plus loin, sa blessure se révélait à lui par la souffrance et l'empêchait de se livrer sous bois à une chasse à l'homme, dont il ne pouvait d'ailleurs espérer aucun résultat.

Qu'allait il faire ? continuer sa route, il ne le pouvait pas. La douleur de sa blessure devenait plus forte de minute en minute. Rester là, c'eût été folie. Dans la journée, cette route est déserte; aucun secours n'était à escompter la nuit. D'autre part, si ses agresseurs se ravisaient et venaient l'attaquer de nouveau, il serait à leur merci.

Après plusieurs tentatives, il parvint à relever sa machine, non sans difficulté, puis s'appuyant sur l'instrument, se dirigea vers la redoute de Chaudeney. Souffrant horriblement de la jambe, il accomplit, en se traînant, les trois cents mètres qui le séparaient de cet endroit.

Là il fut recueilli avec empressement. Bientôt quelques officiers prévenus de la chose se rendirent auprès du blessé.

Ils organisèrent des patrouilles dans tous les sens du bois sans aucun succès ; une voiture d'ambulance fut réclamée d'urgence.

Le blessé, remis complètement de l'émotion de la première heure, attendit avec un calme et une patience digne de tout éloge.

Il fuma nombre de cigarettes et c'est en souriant qu'il répondait aux questions de ses camarades et des officiers présents. Ce qui l'inquiétait le plus, c'était de ne pouvoir porter le livre du lieutenant F... au capitaine C... Sur ce point on le rassura, et alors tranquille, il s'endormit.

Après quelques heures d'attente, la voiture d'ambulance vint chercher le soldat et l'emmena à l'hôpital militaire de Toul.

Prévenue immédiatement par les autorités militaires, Mme veuve Réal del Sarte se rendit auprès de son fils aîné. Le lendemain du guet-apens elle le trouva dans un excellent état d'esprit, mais avec un commencement de fièvre. Malgré cela, sa bonne humeur depuis longtemps absente était revenue. Il préférait les coups de feu aux attaques sournoises. Il aimait mieux la lutte que la continuelle tyrannie de ses ennemis.

Le 22 février, Maurice Pujo, rédacteur à *l'Action Française*, arriva, lui aussi, à l'hôpital militaire, où il vit le président des Camelots du Roi, couché, avec une fièvre plus intense, mais toujours plein d'énergie.

Et comme le journaliste interrogeait son ami sur

les assassins : « Il faisait trop sombre pour que j'aie pu les reconnaître, répondit-il : tout ce que je sais, c'est qu'ils étaient au moins deux et qu'ils ont dû se sauver par la route de Nancy. »

Nous n'insisterons pas sur les longs entretiens auxquels se livrèrent ces deux compagnons des luttes passées, ces deux lutteurs de la cause française ; car nous nous voyons, à notre grand regret, obligés de les reporter à deux chapitres spéciaux, au cours desquels seront étudiés à tour de rôle les procédés du Gouvernement et ceux d'un de ses complices parmi les honnêtes gens. Plût à Dieu que d'un côté comme de l'autre la matière ne nous en eût pas été fournie ! Avant d'entrer dans ce sujet douloureux, adonnons-nous à la joie sincère que vinrent apporter à la victime de l'odieux attentat les témoignages de sympathie universelle dont il fut l'objet.

Nous ne les citerons pas tous, car le volume n'y suffirait pas. Quelques-uns de ces télégrammes sont pourtant bons à lire, car ils reflètent tout un état d'esprit. Ce sont d'abord les membres du Cercle d'Études Corporatistes, réunis en séance, qui adressent au vaillant, victime d'un ignoble attentat, l'expression de leur plus vive sympathie :

Les coquins aux abois, écrivent-ils, peuvent redoubler leurs efforts désespérés, la chasse est ouverte, selon le mot de Gaucher ; nous sonnerons bientôt, espérons-le, l'hallali.

Très belle aussi cette lettre reçue par Henri Vaugeois, l'éminent directeur politique de l'*Action Française :*

Toulouse, le 22 février 1910.

Monsieur et cher Ami,

Est-il bien vrai que deux individus inconnus et introuvés aient tenté d'assassiner notre cher Maxime? Veuillez lui dire toute notre affection et vous faire, dans le journal et auprès de lui, auprès de sa noble mère, auprès de ses jeunes frères, l'interprète de toute notre indignation et de toute notre colère. Que les juifs de tous les pays, de toutes les provinces du Nord, du Sud, de l'Est et de l'Ouest, sachent bien, eux et tous les brigands étrangers, que nous saurons nous trouver, à l'heure voulue, près de lui pour le venger d'abord, et le défendre contre de nouveaux coups.

Cet attentat me rappelle d'autres attentats d'autres crimes juifs, perpétrés par des séides de tous poils, contre les chefs antisémites d'Algérie, et ravive ma haine... Les revolvers cachés, les rasoirs dissimulés ne m'effrayent nullement, pas plus du reste qu'ils ne nous ont arrêtés dans nos justes représailles. A bon entendeur, salut!!!

Adieu, mon cher M. Vaugeois. Croyez à toute ma vive sympathie, et merci pour la bonne parole que vous avez portée, avec Daudet, à nos amis de Perpignan.

C.-E. Lajeune.

Uzès, cette ville de France où l'action néo-royaliste témoigne d'une vitalité intense, télégraphie :

Révoltée par la tentative d'assassinat commise sur le président del Sarte par les apaches gouvernementaux, la Fédération des Camelots de la région d'Uzès envoie au vaillant Maxime l'expression de son affectueuse et cordiale sympathie et fait des vœux pour son prompt rétablissement.

Vive le Roi!

Uzès, 23 février.

Un camelot du roi parisien, bien connu, fait parvenir à l'hôpital de Toul ce petit bleu significatif :

Mon cher Maxime,

Je viens t'apporter l'expression de la joie avec laquelle j'ai appris que tu avais échappé à la lâche tentative d'assassinat. Ces bandits que nous ne connaissons pas, mais qui sont assurément les émissaires du repris de justice Briand, t'ont trouvé l'arme à la main, prêt à te défendre, et ils se sont sauvés comme des pleutres, ainsi que faisaient les juifs et les métèques quand tu nous menais à l'assaut de la Sorbonne. C'est bon signe ! Pour moi, cela présage que le gouvernement qui voudrait supprimer l'Action Française n'y parviendra pas, parce qu'elle saura lutter. Et ma foi, si quelques-uns de nous restent en chemin, les autres les vengeront chèrement, mais toi tu nous resteras.

Ton vieux camarade de la Santé.

Celui qui écrivait ces lignes était certes bien loin de se douter que, six mois plus tard, au banquet organisé par le comité Mascuraud, le ministre, au passé duquel il faisait allusion, devait en donner une confirmation officielle en déclarant que :

« Des difficultés graves avaient surgi dans le sein du pays; le pays avait les nerfs tendus ; une campagne ardente de discrédit se faisait contre le régime parlementaire, contre les institutions républicaines. Et il faut bien convenir que l'opinion, mécontente pour des raisons injustes si vous voulez, mais mécontente, ne faisait pas une atmosphère d'hostilité suffisante à cette agression contre la République. On voyait chaque jour les rues, les prétoires de justice envahis par des bandes désireuses de violences et de désordres ; on voyait des statues de républicains intègres et dignes de notre vénération, maculées, insultées ; on sentait que la bataille électorale allait se passer dans cette atmosphère d'hostilité ; les travailleurs s'écartaient du parti républicain ; le fossé semblait devoir se creuser entre les républicains et eux, si profond qu'il serait impossible à combler.

« Alors j'ai considéré que le premier devoir du gouvernement nouveau, c'était de lancer au pays des paroles de concorde... »

Ce texte qui, pour paraître à certains lecteurs un hors-d'œuvre, n'en est pas moins un document précieux, vient ici à son heure. Outre le plus inattendu et le plus formel des hommages adressé à un parti qui, n'en ayant nul besoin, saura pourtant s'en servir, cette déclaration contient un aveu d'une importance capitale et qu'il importe d'enregistrer d'une façon particulière, pour mener à bien notre enquête sur le crime perpétré à Toul le 20 février 1910.

La conclusion en est simple. Résumons-la en quelques mots :

Au nom de la République, Briand avait peur de l'Action Française et des Camelots du Roi.

Ces derniers le sentaient bien. Aussi les preuves de sympathies et les mots de réconfort ne manquèrent pas. Tour à tour les sections de Saint-Étienne, Bourges, Autun, Moulins, Lyon, Bourg, Toulouse, Blaye, Cherbourg, Castres, Narbonne, du Sancerrois, etc., les divers arrondissements de Paris et la banlieue prouvèrent par leurs ordres du jour improvisés, qu'ils étaient prêts à venger leur président au premier signal. Oui, le pays avait les nerfs tendus, distendus; et, comme le chloroforme de l'apaisement-détente n'agissait pas avec une promptitude suffisante, on avait songé à s'en prendre directement au système nerveux, à son centre..... mais les chirurgiens ne sont pas parfaits, et l'opération avait manqué.

Les auteurs du crime

De tous temps, en tous lieux, l'exercice de l'autorité a amené la conception de l'assassinat politique, c'est-à-dire du crime suscité par le simple désir de conquérir, renverser ou conserver le pouvoir. Il suffit de consulter l'histoire de notre pays pour s'en rendre compte, bien que d'autres États, tant anciens que modernes, aient usé plus atrocement de ce moyen odieux. Le cas de criminels cherchant à renverser ou à conquérir le pouvoir ne peut s'appliquer qu'aux ennemis de la monarchie, héréditaire ou non, qui se trouve toujours ébranlée par la disparition du prince régnant. Des exemples saillants s'offrent à notre vue : en 1610, Henri IV, le roi populaire, tombe sous le poignard de Ravaillac; plus récemment, si nous jetons un coup d'œil sur l'histoire contemporaine, nous voyons disparaître dans des circonstances aussi tragiques les souverains de Serbie, puis le roi Carlos et son fils, dont l'assassinat préparait à merveille la révolution du Portugal. Les dictateurs eux-mêmes sont sujets à de telles attaques, et parfois les hommes influents d'une politique monarchique, tel le grand duc Serge de Russie. Généralement ces attentats font supposer l'existence d'un complot, en raison des difficultés énormes que soulève leur mise à exécution. Ils ne peuvent d'ailleurs s'exercer contre la République, ce gouvernement de l'hydre, ignorant des responsabilités, où tout est régi par le hasard, en dépit des hommes qui tiennent la tête.

Quand il s'agit, au contraire, de conserver une puissance acquise, la forme démocratique n'est pas exclusive de l'assassinat politique; ses partisans y recourent même avec une facilité et une fréquence peu communes. Est-ce à dire pour cela que la forme monarchique n'a jamais éprouvé ce besoin? L'exemple de Bonaparte se défaisant lâchement du duc d'Enghien ne peut nous permettre d'accréditer cette erreur. Cependant, il est utile de remarquer ici que la royauté fondée sur une hérédité vieille de quatorze siècles et sur la véritable tradition, est la moins sujette à user de ces vilenies; elle se sent assez solide dans ses principes pour ne pas trembler quand elle est au pouvoir. Cette confiance est belle et Louis XVI en avait poussé la qualité jusqu'à l'excès, si bien que la France en fut, après lui, la victime.

Si l'on veut se faire une idée exacte du républicain qui se livre à l'assassinat politique, il faut relire dans ses épisodes l'histoire de la Terreur; tout parait suspect aux maitres de la guillotine, et peu s'en faut que, dans leur folie furieuse, ils ne condamnent le genre humain par un arrêt global comme coupable de ne pas porter à la Révolution une affection suffisante. Le même état d'esprit se retrouve chez nos gouvernants actuels, sous un aspect peut-être un peu moins barbare et avec des intentions, à coup sûr, plus dissimulées. Nous ne prétendons pas dire que ces derniers ont tort de craindre, car nous sommes persuadés de la fragilité des assises de l'édifice démocratique. Rien de plus naturel donc que Maxime Réal del Sarte, ce lutteur acharné, impitoyable, ait attiré sur sa tête toutes les foudres de la République juive.

Le but politique de l'attentat saute aux yeux.

Malgré les ballons d'essai lancés au cours de l'enquête pour jeter le discrédit sur le blessé, il est établi à l'heure actuelle qu'aucune relation louche ne pouvait lui être reprochée; l'hypothèse du drame passionnel s'excluait donc d'elle-même, d'autant que les circonstances ne cadraient nullement avec cette idée. Le crime d'amour s'entoure volontiers de scandale; une femme n'assassine son amant que de sa propre main, devant un public; elle court au-devant de la justice lui crier sa culpabilité, et la plupart du temps, elle n'agit que pour faire parler. Restait l'hypothèse du vol. Outre l'invraisemblance d'une attaque de ce genre contre un fantassin quelconque, qui n'a le plus souvent que quelques sous en poche, il est impossible d'admettre que des professionnels de l'assassinat aient échoué aussi piteusement dans leur projet.

Seul le gouvernement de la République était intéressé à la disparition de Maxime Réal del Sarte; seul il avait eu le pouvoir de l'envoyer contre les règles dans une garnison de son choix; seul, il avait pu l'écarter de tout grade; seul, il pouvait garantir à des intermédiaires l'impunité en cas d'échec, condition sans laquelle le recrutement des assassins eût été fort difficile.

Et si l'on veut nous objecter ici qu'un simple soldat n'est rien près d'une autorité établie depuis quarante ans, que les efforts d'un enfant de vingt ans contre la police sont quantité méprisable, nous répondrons que ce jeune homme était le chef d'une nouvelle jeunesse, ardente, infatigable, qui avait su infliger des revers à ses adversaires et les avait même obligés, c'est le premier ministre qui l'a dit, à conclure ce que nous appellerons une trêve électorale.

Maxime Réal del Sarte était un drapeau, voilà pourquoi il était visé.

On nous reprochera peut-être de ne pas nous attacher assez directement dans ce chapitre aux auteurs immédiats de l'attentat de Toul. Si nous n'avons pas cru devoir le faire, c'est que l'histoire nous fait entrevoir généralement ces individus comme les instruments d'une force supérieure. Nous croyons que le fait s'est reproduit une fois de plus. Voilà pourquoi, dans l'examen des responsables, nous accuserons d'autant plus fortement que nous aurons à faire à un plus haut fonctionnaire. Et c'est pour cela que remontant l'échelle sociale, du scélérat qui se servit du revolver jusqu'au ministre qui ne prit aucune part effective à la tentative d'assassinat, nous conclurons à la culpabilité de ce dernier.

Mais, nous dira-t-on, sommes-nous en présence d'un assassinat politique? n'allez-vous pas faire fausse route en posant à priori le principe de la complicité du gouvernement? Quels motifs l'auraient poussé à agir ainsi? Était-ce son intérêt? Avez-vous des preuves palpables de sa culpabilité? Une animosité née d'attaques véhémentes, une prédisposition malveillante à l'égard de la victime ne sont pas des charges suffisantes pour que puissiez affirmer aussi énergiquement que vous le faites.

Après avoir suivi les péripéties par lesquels passa Maxime Réal del Sarte avant son départ au régiment, ayant eu connaissance des tracasseries qu'il fut obligé de subir à Toul, le lecteur n'aura pu s'empêcher de constater :

1° Que l'irrégularité des formalités du recrutement contraignant Maxime Réal del Sarte à partir pour

Toul, n'avait pu être couverte que par une volonté supérieure, en l'espèce par l'expression d'un désir gouvernemental ;

2° Que l'interdiction de tout grade à Maxime Réal del Sarte était parvenue du gouvernement ;

3° Que la surveillance exercée sur le soldat avait été ordonnée par le gouvernement ;

4° Que cette surveillance étroite, rigoureuse, ne s'était relâchée qu'à l'heure même de l'attentat, par la disparition subite des policiers.

Ces charges écrasantes ne nous auraient néanmoins qu'imparfaitement convaincus de la scélératesse d'un premier ministre, si sa conduite ultérieure ne nous avait éclairé davantage sur son état d'esprit. En entravant par tous les moyens une enquête ouverte malgré lui, en couvrant de son autorité tous les coupables par l'intermédiaire du Ministre de la Guerre, Aristide Briand semble avoir jeté un défi cynique à ceux qui réclamaient justice. Aussi effronté, aussi impénitent que dans sa vie privée, l'homme politique semblait crier bien haut : « Certes j'ai tort, mais vous me rendrez raison. » Suivons d'ailleurs chacun de nos personnages dans ses retranchements, en commençant par ceux qui tiennent le plus près à l'affaire.

En considérant l'attentat de Toul comme un simple fait-divers, en prenant le rôle perspicace de juge d'instruction, l'individu le plus naïf s'étonnerait avant tout de la conduite étrange des deux argousins, chargés de la surveillance de notre héros. Ces individus qui, prévenus par l'autorité militaire des moindres sorties de Maxime Réal del Sarte, ne l'abandonnent pas un seul instant, disparaissent de la scène quelques minutes avant le coup pour n'y jamais plus faire leur entrée. Une circonstance aggravante naît de ce fait, qu'ils venaient, à l'instant précis de leur disparition, d'apprendre au café de la bouche de Réal del Sarte lui-même le trajet qu'il se promettait de suivre. Il semble bien, après mûre réflexion, que ces agents se soient fait les instruments directs du crime, moyennant une forte rétribution. Notons ici que la simple connaissance par les assassins du trajet que devait suivre Maxime Réal del Sarte implique la complicité de la police, puisqu'elle seule avait eu le temps et la possibilité d'être au courant de la chose.

Peut-être se sont-ils adjoint, comme tiers, certain habitué de la Chope Cujas, alors en garnison à Toul, et qui se tenait à leur disposition.

A Toul, il est un commissaire spécial, M. Fougères. Sans être bien habitué à ces sortes de gens, on reconnaît en lui le partisan d'Hiram, sectaire jusqu'à la sauvagerie. C'est lui le surveillant en chef de Maxime Réal del Sarte; c'est à lui que fut livré le président des Camelots du Roi à son arrivée au régiment. Nous l'avons vu écrire plusieurs fois au colonel, pour l'informer d'abord de la surveillance de la police sur le soldat royaliste, ensuite, lui demandant le permis de tuer, comme dit inimitablement Daudet. Le lecteur aura compris. Il s'agit de la mission « confidentielle », dont fut chargé Maxime auprès de ce sectaire afin d'être connu de lui.

Le commissaire spécial de Toul, l'épouvantail du colonel Joly, faisait son devoir au point de vue maçonnique. Il était tout naturel pour lui d'espionner les patriotes français, il était tout naturel pour lui de suivre Réal del Sarte, tout naturel de l'assassiner sur les ordres du ministère.

La complicité du F.·. Fougères est donc d'un autre genre que celle du colonel Joly. Elle est farouche, sa coopération au crime. C'est son instinct habituel qui le pousse au guet-apens. C'est l'homme qui tue pour tuer. C'est l'instrument dont on se sert pour frapper. La besogne, dont l'avait chargé le ministère, était faite pour le contenter. Nous avons vu sa manière grossière de travailler. Tellement est naturel chez lui, cet espionnage, qu'il ne se cache même pas ; il ne prend pas de précautions. Tout le monde, à Toul, connait sa besogne, sa victime le sait, cela lui importe peu.

Confiant en sa puissance, rien ne peut lui échapper, pense-t-il. Ignorant le tempérament de Maxime, il emploie des armes trop faibles et le résultat fut pour lui inattendu. Le coup était manqué, il allait être blâmé, mais sa fureur se tournait contre lui, le sang avait si peu coulé, la victime était seulement blessée.

C'était une maladresse qu'avait préparées d'autres maladresses comme d'avoir à peine dissimulé sa coopération au guet-apens. Chargé de suivre Réal del Sarte, il l'a fait suivre. Maxime déclare bien haut le chemin qu'il va prendre. Il connait inévitablement le parcours de la victime.

Et ses espions ne sont pas là : ne serait-ce que par comédie, il devait tout au moins faire suivre la victime. Au dernier moment, les argousins devaient défendre Maxime tout en le laissant fusiller. Non, il se soucie peu des qu'en dira-t-on, il accomplit son travail, c'est tout. Demander de l'intelligence à un fonctionnaire est inutile. Peut-être, d'ailleurs, ne possédait-il que deux argousins, les deux assassins sans doute, et, songeait-il : « Réal mort, on arrangera les choses. » Mais, qui compte tout seul, compte deux fois. Maxime n'est pas mort et la conduite du commissaire rendue publique a démontré clairement sa participation à l'assassinat.

Sur ce fonctionnaire, complice par assistance, auteur intermédiaire du guet-apens, nous faisons retomber la part de responsabilité qui lui incombe; il est le bras sans lequel on n'aurait pu agir.

Un mot encore sur les F.·. M.·.: Le lecteur comprendra avec facilité la raison primordiale pour la franc-maçonnerie de posséder tous les commissaires spéciaux de France. Le commissaire spécial est toujours à la gare, là est son pouvoir, et en cas de soulèvement du peuple, rien ne serait plus aisé à ces F.·. que de prévenir la révolte. Il serait imprudent de la part de la secte infâme de laisser une ville sans espion, c'est le rôle du commissaire spécial.

Nos lecteurs ont pu se rendre compte du rôle joué dans l'attentat de Toul par le colonel Joly.

Malgré notre désir de mettre hors de cause cette armée que nous aimons et que nous vénérons, nous sommes obligé de démontrer au grand jour le crime de cet officier supérieur.

L'armée française ne peut être déshonorée par la conduite d'un de ses membres Il est profondément regrettable de trouver le déshonneur à cet endroit, le dernier refuge du courage et de l'honneur français.

Notre devoir nous commande de mettre au jour ces plaies dont la France est en ce moment couverte. C'est en les soignant, en les guérissant et non en les cachant que nous replacerons notre pays au rang européen où l'avaient laissé nos aïeux. Ne fermons pas les yeux pour ne pas voir nos infortunes. Ayons le courage de bien regarder le mal en face et employons toutes nos forces et nos énergies à travailler à sa disparition.

Un colonel de l'armée française a été assez oublieux de son devoir militaire pour livrer à la police, au gouvernement et à ses assassins, un jeune soldat, coupable d'aucune négligence et d'aucun délit. Cet officier supérieur, par sa conduite et son intention, s'est fait le complice des assassins du bois de Chaudeney.

Complicité atténuée sans doute, aveugle, inconsidérée et inconsciente; mais *complicité*. Comme telle nous devons accuser le colonel Joly. Oui, c'est par son obéissance aux ordres du pouvoir, c'est par sa veulerie et son ambition, par son indécision et son manque de fermeté que Réal del Sarte tombait sous deux coups de feu le dimanche 20 février. Sans cette attitude, Maxime aurait suivi le peloton. Le commissaire spécial n'aurait pu le faire espionner, ensuite le faire assassiner. Que n'introduit-on dans notre Code des lois punissant les complices avec plus de sévérité et de force que les criminels!

Cet officier assassin a rendu service au ministère et nul doute, en récompense de ce service, qu'il sera doté d'un nouveau grade dans la Légion d'honneur. Quelle force possède ce petit bout de ruban rouge!

De quelle pouvoir est cette petite rosette écarlate quand on est officier, ami du gouvernement!

« Tout est sauvé fors l'honneur », pourrait dire, aujourd'hui, avec raison, ce colonel du 156e.

La peur de cet acolyte d'assassin est portée à son comble par toutes les menaces des patriotes. Au lendemain des articles de *l'Action Française,* il tremblait, et pour se justifier il eut recours, non à la justice dont il a un effroi sans pareil, mais au rédacteur d'un organe parisien. Il pria M. de Maizière de venir faire une enquête... sur le crime! oh! non, mais sur Réal del Sarte.

L'Action Française évita à ce colonel de se salir à nouveau en menaçant de divulguer les dessous de cette manœuvre.

L'enquêteur occasionnel fut si peu sûr de lui, et si peu sûr de la vérité, qu'au premier geste des rédacteurs du vaillant organe du nationalisme intégral, il serra soigneusement dans un beau carton vert le résultat de ses démarches à Toul.

Plus tard le colonel Joly respira à l'aise et, avec un soupir de soulagement, lut le compte rendu de la séance du 2 avril.

Après s'être minutieusement renseigné avec toute son attention de la véracité du récit fait par le *Journal officiel* (le digne officier avait peur d'un poisson d'avril), il dit avec fierté et en redressant la tête : « Le Ministre de la Guerre donne raison au colonel du 156e. » Libre de toute compromission, désormais le cœur léger et la démarche dégagée, il donna lecture à tous les officiers de son régiment du résultat de l'interpellation du sénateur royaliste. Certes, il pouvait compter sur la reconnaissance ministérielle. Mais, est-on jamais sûr? et il était heureux d'avoir été l'objet d'une réponse du général Brun, maintenant il comptait sur sa décoration.

Depuis l'arrivée de Réal del Sarte au régiment, c'était pour lui le premier jour de joie et de tranquillité. Ses subordonnés s'en émurent et s'en réjouirent. Ils profitèrent de cet état de l'officier supérieur pour obtenir toutes les faveurs dont ils avaient besoin.

Cependant, le soir, en s'endormant, une voix lui criait à l'intérieur : « Assassin, assassin. » Le Ministre n'avait pu étouffer la conscience, et le remords s'obstinait à le poursuivre sans se préoccuper des paroles prononcées à la tribune du Sénat.

Le lendemain la mauvaise humeur du colonel était revenue. Les officiers de son entourage s'en aperçurent et se turent à son approche. Ils connaissaient sa conduite et savaient à quoi pensait le colonel Joly.

La honte de ce colonel ne peut souiller en aucune façon l'armée française, ni le 156ᵉ régiment d'infanterie. Dreyfus, par sa trahison, n'a pas entraîné l'état-major de cet armée. Joly, par sa complicité dans le crime du bois de Chaudeney, ne peut éclabousser son entourage à Toul.

Toute l'ignominie de sa conduite lui incombe, il le sait et en est plus malheureux.

Nous ne sommes pas cléments envers les traîtres, les assassins et leurs complices; nous ne pouvons cependant pas refuser à ce colonel toute notre pitié.

Le général Brun, ce petit homme trapu qui remplit les fonctions de ministre de la guerre, est coupable dans une plus large mesure.

Pour s'en rendre compte, il est besoin de se reporter aux chapitres précédents. Nous verrons Briand commander par son intermédiaire au colonel Joly, simplement coupable d'avoir exécuté ses ordres. Le général Brun a donc sa part d'exécution dans le crime du 20 février.

Soldat, puisque général, c'est un ambitieux et un complice aveugle dans les mains du Ministre de l'Intérieur. Peu habitué à la politique, son attitude dénote de l'hésitation dans ses actes; et ses réponses à M. Le Breton feront de lui un homme sans honneur. Il a menti à plusieurs reprises et n'est plus qualifié pour commander à des militaires de l'armée française. Sa culpabilité est le résultat de son obéissance à Briand. Sans énergie, sans idée personnelle, sans initiative, il est un instrument et rien de plus.

Nous déplorons que de tels hommes puissent être nommés ministres et généraux. Mais la République, maîtresse de notre destinée, est obligée d'avoir recours à ces individus pour sauvegarder son existence.

L'homme, témoin d'un crime ou de la préparation de ce crime, est coupable s'il n'intervient pas. A plus forte raison celui qui, pour une cause ou pour une autre, aide les assassins dans leur entreprise. Le général Brun, par ses ordres au colonel Joly et par sa connaissance de l'exécution du crime, est coupable et responsable de l'attentat de Toul.

Sa vie était-elle sans taches jusqu'à cette époque, nous l'ignorons. Rappelons seulement, comme mémoire, l'attentat dont fut victime le général Vérand. Celui-ci un peu plus grand que le ministre lui ressemble beaucoup. L'auteur de l'agression tira sur lui pensant tirer sur le général Brun.

L'assassin prétendait avoir à se plaindre de celui-ci. Il donna même certains détails, mais on l'interna. Était-il fou? Était-il victime? Nous n'en savons rien. Aucune conclusion ne peut être tirée de ce crime heureusement manqué.

Mais le général Brun savait par Briand le complot tramé contre Maxime. Il avait un devoir, ne pas s'y associer. Dans le désir de satisfaire son collègue, il s'est rendu coupable de complicité par assistance.

Contre lui l'on devrait également réclamer des sanctions, on n'obtiendrait rien, comme pour les autres. Un général de l'armée française sera déshonoré. Nous aurons la ressource de penser que, s'il a manqué à l'honneur du métier militaire, il était ministre. Sa nomination rue Saint-Dominique peut être, pour les patriotes, une raison à son infamie. C'est une consolation pour nous d'être à même de juger de la puissance néfaste de la politique républicaine sur certains officiers. Nous acquérons ainsi un argument de plus contre cet odieux gouvernement.

Nous sommes loin de comparer Brun à Joly. Ce dernier a des sentiments malgré sa lâcheté, il a dû se repentir de sa faiblesse. Brun, lui, au contraire, est prêt à recommencer. Il n'a pas le sens de son infamie. Prêt à se faire franc-maçon, s'il le faut, le Ministre de la Guerre ne peut encourir notre pitié. En le signalant publiquement, nous avons l'intention de le flétrir. Les scandales ne font pas plus tache à cette armée qu'ils ne font tache sur le régime. L'une est trop pure pour être souillée, l'autre trop criminel pour être atteint. Nous pouvons donc en parler sans fausse honte. La conduite de ce ministre n'est ni au-dessus ni au-dessous des autres de ses collègues. Il a agi en républicain et en ministre, voilà tout.

Quand il donnait des ordres au colonel Joly, il n'était plus soldat ni général, il était ministre.

Certain journal, le lendemain de la formation du cabinet Briand, disait : « Ce que nous reprochons de plus à Briand, c'est d'avoir mis un général au ministère de la guerre et un amiral au département de la marine. » Nous avions ri de bon cœur à la lecture de cet article. Aujourd'hui nous ne rions plus et nous regrettons, avec l'organe socialiste, le mal fait au général et à l'amiral en les nommant à des ministères.

Nous déplorons la politique mêlée ainsi à l'armée et à la marine, mais nous comprenons le but de la République de les déshonorer. Ces deux institutions, antagonistes constants du régime, doivent, pour ne pas s'insurger, être désagrégées par la corruption.

Il est difficile de soutenir, devant le public, la culpabilité pourtant réelle du Ministre de l'Intérieur dans le guet-apens de Toul. Que peut importer à Briand les menées royalistes? Nous savons le peu d'intérêt porté à notre patrie par les ministres républicains. Clemenceau, quand il eut fini de gagner de l'or à Paris, est parti à Buenos-Aires en chercher d'autre. En général un ministre est au pouvoir en république par cupidité. Aristide Briand est une exception, non pas que l'amour de la patrie soit entré dans son cœur. Non, il n'a d'autre passion que son ambition personnelle. Cette dernière cause est la raison de l'énergie avec laquelle il défend les institutions. (Un régime qui se respecte ne s'appuie pas sur la lie de la société.) C'est de lui que viennent les ordres concernant Maxime. Après avoir passé entre les mains du Ministre de la Guerre, les instructions de la place Beauvau arrivaient au colonel Joly, d'une part, et au commissaire spécial Fougères, d'autre part. Briand est l'auteur du guet-apens. Il en a donné l'ordre. Sans lui, jamais on n'aurait osé toucher à Réal del Sarte. Sans ce tenancier parvenu, le franc-maçon Fougères n'eut pas tourmenté Maxime. Sa responsabilité n'est pas douteuse. Sans circonstances atténuantes et sans excuses possibles, il doit être considéré comme l'auteur principal du forfait.

L'enquête

Deux jours après l'attentat, l'autorité militaire avait ouvert une enquête. Les premières démarches consistèrent à annoncer à la victime et à ses défenseurs que cette enquête n'aboutirait pas. L'expérience refusait-elle l'espoir de la réussite ? Ou bien l'autorité était-elle d'ores et déjà décidée à ne point agir ? De toute façon, ceux qui reçurent cette information furent à bon droit interloqués. « Cette enquête n'est que de pure forme », leur déclara-t-on. *Cette anticipation* sur les résultats, *cette résignation* anormale *ne peuvent s'expliquer*, dans l'attitude du subordonné qui en était l'expression vivante, *que si l'on admet la complicité du Gouvernement dans le crime*. Pourquoi paralyser à priori toute recherche, dérober toute trace des criminels à la justice, si un intérêt positif ne s'oppose pas à leur exécution ? Or, le frein à la répression des assassins est à la fois officieux et officiel. C'est donc *le Gouvernement* qui *s'oppose à l'arrestation des criminels :* c'est lui qui tient à leur préservation, car s'ils étaient livrés, ils protesteraient bien haut : « Nous avons agi par ordre. » C'est ce qu'il faut, à tout prix, éviter. Aussi glisse-t-on à l'oreille du chargé d'enquête ces deux mots : « Pure forme. » Mais comme ce chargé d'enquête est un gendarme, et que pour se rappeler leur devoir les gendarmes ont besoin d'apprendre leur formule par cœur, ce dernier répète à tous ceux qu'il rencontre, pour mieux les graver dans sa mémoire, ces deux mots qui lui paraissent fatidiques : « Pure forme, pure forme. » C'est ce que l'on pourrait appeler, pour faire pendant au système des empreintes digitales du docteur Bertillon, une emprise intellectuelle. Briand a mis son emprise sur l'esprit de son subordonné ; voilà retrouvée la trace de l'assassin.

Cependant puisque nous nous sommes proposé de suivre jusqu'au bout cette comédie d'enquête, examinons un peu si les formes annoncées furent aussi pures qu'on voulait bien le dire. Le gendarme débute par l'interrogatoire du blessé ; il lui fait décliner son état civil, détail éminemment urgent, puis lui pose cette question, avec toute la dignité que comporte le grade de Pandore : « Avez-vous des ennemis personnels féminins ou masculins dans la population Touloise. — Aucun, je le pense, réplique le blessé, non sans une restriction mentale à l'égard du commissaire spécial, car je n'y ai contracté aucune relation. — C'est bon », répond le gendarme, et il fait mine de partir. Mais Maxime Réal del Sarte le rappelle, jugeant bon de lui donner spontanément des renseignements complémentaires. Il montre les deux lettres de menaces qu'il a reçues au fonctionnaire très embarrassé ; c'est que visiblement on ne lui a pas parlé de ces papiers. On l'a seulement chargé de poser une question à l'assassiné récalcitrant ; aussi insiste-t-il et renouvelle-t-il sa demande, qui obtient même réponse que la première fois. Désappointé il se retire.

Pendant ce temps, un de ses collègues est parti pour Villey-le-Sec, chargé lui aussi d'ordres supérieurs. « Tâchez de savoir, lui a-t-on dit, si le soldat Réal del Sarte avait des relations avec le prêtre de ce village ; renseignez-vous bien et posez à tous les gens que vous rencontrerez cette question : « Le soldat Réal del Sarte n'avait-il pas, en portant un livre au capitaine C..., l'intention de rendre une visite au curé de la paroisse » ? Ma foi, le pauvre gendarme a bien posé des questions, mais les gens lui ont ri au nez, et il est revenu bredouille. C'est dommage! il eût été si facile de broder un drame passionnel ou d'inventer un complot clérical avec le moindre élément. Mais rien, rien à reprocher à ce soldat modèle.

L'enquête semble terminée pendant quelques jours. On ne s'inquiète même pas de saisir les effets du blessé, de rechercher le calibre de la balle et du revolver, de découvrir des traces, un signalement, un objet égaré sur les lieux du crime. A quoi bon s'en soucier? Ne nous a-t-on pas avertis, cher lecteur, sous le manteau de la cheminée, que ces démarches sont de pure forme?

Cinq jours après le gendarme, un capitaine à son tour vint interroger Maxime. Pas plus que le précédent, celui-ci ne voulut attacher d'importance aux lettres anonymes et exécutant la consigne donnée avec une exactitude militaire sans égale, il s'empressa de savoir si notre ami n'avait pas commis une faute, si par exemple il ne connaissait pas de femmes de Toul et le capitaine finit par avouer à Réal del Sarte les recherches faites depuis cinq jours, dans le but de retrouver une femme l'ayant connu, et comme l'on n'avait rien découvert, il venait le lui demander. L'officier insista, disant qu'il était de son intérêt de tout dire et, pour sa part, il ne comprenait pas sa persistance à ne pas avouer les relations que sans doute il avait eues auparavant. Maxime le remit vivement à sa place « déclarant avoir tout dit et rien que la vérité ».

4

Le capitaine s'en alla, désespéré, maugréant contre les Parisiens dont la tête était si dure. Il ne pouvait croire, le brave homme, au rôle odieux de la police et du colonel en cette ténébreuse affaire.

Mais la presse commençait à s'étonner de ces lenteurs; la police se vit obligée à de nouvelles formes.

Le gendarme chargé du premier interrogatoire revint près du blessé, il s'excusa et exprima tous ses regrets d'avoir omis certaines parties de la déposition, et en leçon bien apprise, particulièrement sur les deux lettres anonymes. Il jeta un coup d'œil sur le papier de ces lettres et se retira, Maxime lui fit part de son étonnement, de ce qu'il n'emportait pas les deux papiers incriminés. Pour sa défense, le gendarme répondit : « On ne me l'a pas dit, je n'ai pas d'ordres. »

Puis, l'autorité militaire et le parquet laissèrent notre ami se reposer de sa blessure. Ils auraient pu continuer des interrogatoires insignifiants et inoffensifs. Mais l'opinion publique de Toul était disposée en faveur de Maxime, et les secrets transpirent toujours. On préféra ne rien faire et attendre; c'était plus prudent, on comptait sur l'oubli de la population et on ne voulait pas, par les allées et venues des gendarmes à l'hôpital, attirer l'attention de l'opinion publique. Celle-ci, cependant, ne fit silence qu'après le départ de notre ami.

A l'intérieur de tous les cafés, dans toutes les rues, sur toutes les places, au sein de toutes les familles, on parlait de Réal del Sarte. Et personne ne cachait son opinion. Bientôt tout le monde, soldats, hommes, femmes, enfants, racontèrent bien haut que ce coup venait de Paris. La fureur des habitants de Toul était grande contre les assassins. Si on les avait arrêtés, ils ne seraient pas entrés vivants dans la prison ; ils auraient été écharpés.

Un premier résultat inattendu de cette tentative d'assassinat fut une propagande monarchiste jusqu'alors inconnue à Toul. Les gens se faisaient expliquer les motifs de l'agression. Et en province, le peuple est plus sceptique qu'à Paris. Aussi, toutes les bonnes raisons du commissaire spécial ne tinrent pas devant l'obstination des Toulois et il fallut bien dire un mot des mobiles politiques ; d'abord on en parla sans conviction, puis un mouvement se fit dans le sens du crime politique et, tous, ils admirent la complicité du Gouvernement dans l'ignoble attentat; les monarchistes de Toul en profitèrent comme moyen de propagande. Aujourd'hui, une section d'Action Française vient de se former dans la petite sous-préfecture de l'Est. La décentralisation monarchiste gagne beaucoup d'habitants qui ne s'étaient jamais occupés de politique.

Beaucoup plus tard, le vendredi 8 avril, l'attentat avait eu lieu le 20 février, Réal del Sarte fut convoqué par M. Poncet, commissaire de police de Paris, agissant sur commission rogatoire du juge d'instruction de Toul. Le but de cette convocation était de demander à Maxime les deux lettres anonymes dont nous avons parlé. C'était après quarante-sept jours seulement, et encore ce zèle était-il l'effet direct de la question posée au Sénat, par M. le sénateur Le Breton, quelques jours auparavant.

Cette convocation fut le dernier écho de l'enquête. Comme toutes les formalités de ce genre, elle avait été, pour le Gouvernement, le moyen d'étouffer une affaire scandaleuse.

Agissements d'un traître

Il existe à Paris un homme qui, ayant renié son culte, sa race et les traditions de ses ancêtres par calcul, a trouvé le moyen de se faire admirer, distinguer, honorer par une catégorie de gens, dont il a travesti l'histoire, la politique, la religion (celles qu'il avait adoptées), dans le but bien défini de consolider son bien-être, en usant des aptitudes ethniques qu'un instinct sûr ne lui a jamais permis d'aliéner. Quelque effort qu'il ait fait pour tenter de s'adapter à nos usages, il n'y a pas réussi : cet homme est un félon. Rassurez-vous, lecteurs honnêtes ; il ne s'agit pas d'un Français, mais d'un fils de cette nation maudite, qui, lasse de porter en son sein la trahison, parcoure l'univers en abreuvant les peuples de ses forfaitures.

Nous n'irons pas fouiller dans la vie privée de M. Arthur Meyer ; elle est trop connue de tous. Il est bon cependant de présenter ce juif à ceux de nos lecteurs, qui ne le connaîtraient pas encore, par quelques épisodes cinglants de sa vie publique. Arthur Meyer qui compte actuellement soixante-six ans, a eu l'honneur d'être portraituré par Drumont, dans *la France Juive ;* le maître de l'antisémitisme s'exprime comme il suit :

C'est le vrai maître du monde parisien que ce Meyer, l'arbitre de toutes les élégances, l'organisateur de toutes les fêtes. Jamais la juiverie n'a produit un type aussi réussi. Fils d'un marchand d'habits-galons, il débuta à

Paris, il y a quelque vingt ans, comme secrétaire de Blanche d'Antigny. Il cumulait ses fonctions qui ne devaient pas être une sinécure avec celles de reporter au *Gaulois*. Il signait du pseudonyme de Jean de Paris !

Blanche d'Antigny n'était pas pour lui, paraît-il, la poule aux œufs d'or ; car, à la même époque, Meyer s'occupait d'affaires très louches.

Notons, entre autres événements de sa vie, celui qui le fit directeur du *Gaulois*. Arthur Meyer s'empressa d'en faire un organe bonapartiste, jusqu'au jour où la mort du prince impérial (1879) lui coupa tout avenir de ce côté.

En 1886, il eut avec Drumont un duel qui est resté célèbre. Au moment du signal, la main gauche d'Arthur Meyer s'empara de la lame de son adversaire, tandis que de sa main droite le juif dirigeait son épée sur la cuisse du directeur de *la Libre Parole*. Le soir, Arthur Meyer se promenait à grands pas dans son cabinet de travail en murmurant : « Je suis perdu !... je suis perdu ! » Un de ses amis, le voyant sortir brusquement, crut qu'il voulait se suicider. « Où vous rendez-vous de ce pas ? » lui demanda-t-il d'un air inquiet. « J'ai une soirée très importante et je me dépêche, car je ne voudrais pas la manquer », répondit flegmatiquement Arthur Meyer. Il faut avouer qu'une telle impudence est rare. Ce fut l'avis des juges de police correctionnelle, qui se contentèrent cependant de lui octroyer deux cents francs d'amende. Déjà l'influence juive s'exerçait sur la magistrature.

Arthur Meyer est poltron à l'excès. Il suffit de crier pour le faire trembler. Adrien Papillaud, de *la Libre Parole*, lui avait inspiré une terreur telle qu'il se laissait coller par le journaliste facétieux, en public, des étiquettes sur son crâne dénudé.

Tous ces détails ne constituent pas la biographie d'Arthur Meyer ; ils n'en représentent qu'une infime partie. Si nous les avons rappelés en tête de ce chapitre, c'est dans le but de faire ressortir le caractère répugnant de cet individu. Dès lors le lecteur ne s'étonnera plus de sa manière de faire, quand ce personnage burlesque entreprendra de se mêler de l'affaire de Toul.

Pour que l'on se rende compte aussi de l'opinion officielle d'Arthur Meyer sur Aristide Briand, il est bon de citer quelques textes de lui. Il a écrit le 29 septembre 1910 :

Ce qui fait la beauté essentielle de l'homme, c'est qu'il y a en lui une somme d'idéal qu'il lui faut impérieusement dépenser.

Et le 31 octobre suivant :

M. Briand est un artiste de grand talent et de grand mérite ; il parle avec éloquence et manœuvre avec habileté.

Nous ne savons si Arthur Meyer et Aristide Briand dépensent ensemble leur somme d'idéal, mais nous constatons de suite que chez l'ancien souteneur de Saint-Nazaire, comme chez l'ex-secrétaire de Blanche d'Antigny, l'idéal a la même source. Ce sont deux « aminches » qui marchent la main dans la main. Un moment l'amitié parut flancher, quand Aristide prononça à la Chambre le mot d' « illégalité », qu'il avait emprunté à *l'Action Française*. Arthur Meyer en fut contrit ; mais il lui pardonna en ces termes :

Le mot qu'on lui reproche lui a échappé, c'est entendu; il n'en est pas moins vrai qu'il était dans un état d'esprit qui le préparait à commettre ce *lapsus*. Nous voulons bien oublier les phrases qu'il regrette. (*Gaulois* du 31 octobre 1910.)

Telles étaient, à la veille de l'attentat de Toul, les dispositions mentales du juif Arthur Meyer. Une sympathie innée pour le président du Conseil le poussait déjà à prendre parti dans le sens officiel, contre tout ce qu'il pouvait y avoir de juste et de raisonnable. Joignons à cela le double ressentiment qu'il conservait à Léon Daudet, au sujet de quelques querelles antérieures, et au journal *l'Action Française*, à cause de son antisémitisme. Remarquons, en outre, que cet organe lui avait fait, en un espace de temps très restreint, une concurrence redoutable, et que les Camelots du Roi, dont Maxime Réal del Sarte était le chef, avaient servi avec énergie la propagande du nouveau journal. C'était plus qu'il n'en fallait pour que le juif Arthur Meyer ne cherchât à se venger. Depuis longtemps il désirait une occasion ; il crut l'avoir trouvée.

Sous prétexte que le colonel Joly avait été mis en cause, qu'il s'agissait là d'un officier supérieur, et que l'on n'aurait pas dû sacrifier aussi vite sa réputation, le directeur du *Gaulois* résolut d'ouvrir une enquête à Toul. Au fond, il espérait découvrir une vilaine affaire de mœurs à la charge du blessé, ou au besoin l'inventer de toutes pièces. Pour ce faire, il expédia à Toul M. de Maizière, qui commença par rendre visite au colonel Joly, puis au commissaire spécial Fougères, après quoi, il se rendit auprès du blessé. Le jour où le reporter se présenta à l'hôpital militaire,

Maxime Réal del Sarte se levait pour la première fois depuis sa blessure.

M. de Maizière s'extasia sur le fait que le blessé était déjà sur pieds. Il commença ensuite son interview :

« M. Pujo, commença-t-il, que je ne connais pas, mais dont j'ai connu jadis le père (un assez brave homme), a fait un récit semé d'inexactitudes.

— Pardon, fit Maxime, je ne puis vous permettre de dire cela. Les faits que Pujo a relatés, c'est moi qui les lui ai racontés. Et je n'ai pas l'habitude de mentir, pas plus que d'exagérer, — d'autant que le jeu serait dangereux pour moi.

— Cependant, dit M. de Maizière, ce n'était pas un officier que vous alliez voir, mais le curé, — première inexactitude. Puis cette enveloppe contenant une feuille de papier blanc; cet ordre du colonel : tout cela est légèrement, très légèrement inexact.

— Comment!... Inexact?

— Je préfère vous le dire tout de suite. Je viens de voir votre colonel : un bien charmant homme!...

— Il vous a dit qu'il était innocent et vous vous êtes empressé de le croire?

— Il a fait plus : il m'a donné sa parole!

— Il l'avait bien donnée déjà lorsqu'il promit à mon capitaine de me laisser à la dixième compagnie.

— Vous avez dû vous tromper ou ne pas bien comprendre la phrase de votre capitaine.

Mais moi je vous dis que ce n'est pas le colonel qui vous envoyait chez le commissaire spécial. Il m'a affirmé qu'il l'avait appris par les journaux.

— C'est un peu fort! Mon capitaine m'a dit textuellement : « Le colonel m'a chargé de vous envoyer chez le commissaire spécial. Vous serez porteur d'un pli sur l'enveloppe duquel il y aura *très confidentiel; à l'intérieur*, une feuille de papier blanc. » Et comme je m'étais écrié : « C'est indigne! » il reprit : Surtout, n'ayez l'air de rien; vous êtes censé ne rien savoir. Faites comme si vous étiez envoyé à un supérieur. » Voilà ce qui m'a été dit.

— Eh bien! reprit doucement l'interviewer, souriant à l'idée qu'il allait clouer Réal del Sarte par cette révélation, — n'insistez pas! J'ai vu une pièce... une lettre du capitaine G... rendant compte au colonel de ce qu'il vous envoyait faire.

— De quand date cette lettre?

— Du premier article de *l'Action Française.*

— Alors, c'est que le colonel a prié le capitaine de se sacrifier pour lui.

— Vous avez cru, reprit M. de Maizière, que vous portiez une feuille de papier blanc. Il parait que vous portiez une permission. Là encore, vous êtes cloué.

— Le capitaine m'a parlé d'une feuille de papier blanc, je l'affirme et il ne peut le nier. Il se trouve qu'il avait mis sous l'enveloppe une permission, — la mienne peut-être. Mais qu'y a-t-il donc de *très confidentiel* dans une permission? Ce n'était donc toujours qu'un prétexte. — Puis, expliquez-moi à votre tour pourquoi le lendemain matin un officier se trouvait à la gare et criait à haute voix mon nom en présence du commissaire spécial qui craignait d'avoir oublié ma physionomie. Est-ce encore le capitaine qui avait donné cet ordre-là. »

M. de Maizière ne répondit rien à cela. Il changea de question.

« Vous avez tort de vous en prendre à l'armée, dit-il.

Quelle mauvaise œuvre! surtout pour un royaliste! Tapez à fond contre les civils, — même contre Briand, nous en sommes (! ! !) mais pas contre l'armée!

— C'est précisément l'incursion des civils dans le domaine militaire que nous réprouvons. Hélas! l'armée a subi la triste influence de trente-cinq ans de République. Nous le déplorons, mais le constater est inévitable.

— Songez que nous y avons des nôtres!...

— Qui sont les premiers à en être écœurés.

— Allez-vous porter le coup de hache dans l'armée, ce pilier de l'ordre?

— Alors, monsieur, — sous prétexte que c'était attaquer un officier, — vous auriez donc voulu cacher la culpabilité du traître juif Alfred Dreyfus? Je pense, moi, qu'il fallait mettre le doigt sur la plaie, la soigner et la guérir. Eh bien! tout ce que Pujo a raconté est l'exacte vérité.

— Je vois, dit M. de Maizière embarrassé, que le mieux à faire serait de garder le silence. »

Et, comme se parlant à lui-même, il ajouta :

« Et dire que cet imbécile de journal a commis l'absurdité d'annoncer ce matin ma venue à Toul! »

Et sur cette insulte à *l'Action Française,* le rédacteur du *Gaulois* se retira.

M. de Maizière revenait de Toul bredouille. Arthur Meyer avait prévu le cas. A l'aide de quelques renseignements qu'il avait fait prendre par son envoyé spécial, il établit tout un tissu de mensonges qu'il s'apprêtait à faire paraître, quand MM. Maurice Pujo et Henri Vaugeois se présentèrent au *Gaulois,* porteurs d'un ultimatum de *l'Action Française.*

Arthur Meyer se laissa aller à sa nature : il eut peur.

Ce fut une véritable tragi-comédie qui se déroula, pendant la nuit de la Mi-Carême, entre *le Gaulois* et *l'Action Française*.

Dans la soirée du 3 mars, on avait appris dans quel sens avait été menée « l'enquête » que M. Arthur Meyer, obligé par *l'Action Française* à sortir du silence scandaleux qu'il gardait sur l'affaire Réal del Sarte, avait fait faire à Toul par M. de Maizière. Le rédacteur du *Gaulois* n'avait été envoyé dans cette ville que pour chercher les éléments d'une justification du colonel Joly, détruire ou tout au moins énerver, avec un air d'impartialité, la force des accusations de *l'Action Française*, noyer le poisson, si nous osons nous exprimer ainsi, dans un cas où il s'agissait précisément de sauver M. Briand et, tout en la couvrant de fleurs, mettre finalement en posture d'exagération ou même de mensonge, la victime des machinations que nous avons racontées et du guet-apens qui en fut le résultat logique : Maxime Réal del Sarte.

M. Arthur Meyer voyait toutes sortes d'avantages à cette tactique : faire pièce à *l'Action Française* qui l'avait fait « marcher » malgré lui ; se poser contre elle en défenseur de l'armée et en champion du monde conservateur dont le colonel Joly incarnait si bien toutes les complaisances et toutes les faiblesses ; enfin faciliter la tâche au ministre de la République qui avait à répondre à des accusations précises. Le directeur du « royaliste » *Gaulois* avait eu une idée qui n'était pas venue à l'esprit du directeur du *Matin* ou du pire des adversaires de la Royauté. Il fallait que la manœuvre fût démasquée tout de suite. Il fallait que M. Arthur Meyer connût les conséquences de cette petite infamie. A onze heures, MM. Henri Vaugeois et Maurice Pujo se présentaient rue Drouot.

Le directeur du *Gaulois* leur fit un accueil digne, mais froid ; la conversation fut de celles où l'on parle à cœur ouvert. Elle suffisait pour qu'on pùt admirer chez le juif mondain cette correction de la mise et du langage, cette tenue parfaite dans l'attitude et dans le geste, cette dignité qui ne se dément jamais, même dans les circonstances critiques où l'expose parfois la vivacité de ses interlocuteurs.

— Monsieur Meyer, commença Maurice Pujo, nous apprenons que vous n'avez entrepris une enquête dans l'affaire Réal del Sarte que pour contester les faits que j'ai avancés... Je vous préviens que ces faits sont appuyés sur des preuves, mais ces preuves je ne pourrais les produire qu'en mettant en cause d'autres officiers que le colonel Joly. Si vous me forcez à le faire, vous en partagerez la responsabilité.

— Monsieur, interrompit M. Arthur Meyer, posant la question préalable, je ne comprends vraiment pas votre démarche. Je ne vous connais pas : vous êtes M. Pujo. Je suis très heureux de faire la connaissance de M. Pujo. Mais je me demande de quel droit il vient me demander raison d'un article qui n'a pas encore paru. *Cela ne se fait pas!*

M. Arthur Meyer avait pour lui la logique. Le rédacteur de *l'Action Française* avait vraiment l'esprit mal fait pour que cela ne le convainquît pas du tout !

— Permettez ! fit-il.

— C'est inconcevable ! Il est onze heures du soir : le journal va paraitre. Et vous venez me faire la critique d'un des articles qu'il contiendra. C'est contraire à tous les usages ! Attendez à demain ! Il vous sera loisible alors de discuter cet article et d'y répondre !...

— C'est précisément ce que je veux éviter. J'y répondrais, — et victorieusement, je vous prie de le croire. Mais pour cela il me faudrait mêler à l'affaire des noms d'officiers qui sont de braves gens. J'ai dû déjà, — et cela m'a été pénible — pour sauvegarder les droits de la vérité, les intérêts véritables de l'armée et du pays, — être cruel envers certains. Je ne tiens pas à l'être inutilement. Puisque, bien vainement d'ailleurs, vous vous tournez contre la victime des machinations...

— Monsieur, je défends un colonel de l'armée française !...

M. Arthur Meyer joue très bien les « pères nobles » ; mais tout lasse. Il fut interrompu :

— C'est-à-dire que vous, directeur de journal « royaliste », s'écria Vaugeois, vous ne vous êtes mêlé de l'affaire que pour faire pièce à des royalistes et chercher à étouffer la vérité aux dépens d'une victime de la République. Eh bien ! le procédé ne passera pas comme cela ! Vous vous plaignez de notre hostilité : vous n'avez rien vu encore : ce sera dur ! » Les interlocuteurs prenaient la porte. M. Arthur Meyer fit appeler M. de Maizière pour avoir un témoin. Mais Vaugeois était intervenu à son tour dans le débat :

— Ainsi, c'est entendu, Monsieur Meyer, vous faites la besogne du ministère de l'intérieur, la besogne de M. Briand ?

— Briand ? Je m'en fous !

(On le voit, M. Meyer était sorti de ses gonds.)

— Sa besogne, vous la faites, quoi que vous en

disiez, et cela ne nous étonne pas. Voilà assez longtemps que vous trahissez la cause que vous prétendez servir...

— Je sais que vous l'écrivez chaque jour dans *l'Action Française.*

— Certainement, reprend Vaugeois, nous l'écrivons et je suis entièrement d'accord là-dessus avec mon ami Rivarol. Mais je suis heureux de l'occasion de vous le dire de vive voix. Nous savons quelles ont été vos manœuvres autrefois pour étouffer, puis dénaturer l'assassinat de Syveton. Nous ne permettrons pas que cela recommence. On a voulu assassiner Réal del Sarte. Vous défendez ceux qui ont une responsabilité dans ce crime. C'est la guerre! Adieu.

— Ce n'était vraiment pas la peine de venir ici pour me dire cela ! gémit M. Arthur Meyer.

— Si, ajouta doucement Maurice Pujo, nous voulions vous prévenir.

En regagnant les bureaux de *l'Action Française*, MM. Vaugeois et Pujo y trouvèrent envoyés par M. Arthur Meyer, MM. Mazereau et de Maizière, qui y étaient arrivés avant eux.

Il venaient leur proposer *la paix* aux conditions suivantes : suppression au *Gaulois* de l'article sur l'attentat de Toul, moyennant la cessation des attaques de *l'Action Française* contre Arthur Meyer. Comme ces conditions de paix étaient repoussées, les plénipotentiaires ne parlèrent plus que d'*armistice*, mais sans plus de succès.

Le vendredi 4 mars, Arthur Meyer se voit donc obligé d'ajourner l'article de M. de Maizière ; il en est de même le lendemain. Par malheur la promptitude avec laquelle il avait vu ses combinaisons déjouées ne lui avait pas permis d'avertir à temps ses complices, les journaux républicains de Nancy et de l'Est auxquels de Maizière avait porté des instructions précises. Le ballon d'essai, gonflé par Meyer lui-même, prend donc son essor et les journaux de Nancy annoncent, dans leurs numéros du 6 mars, que le soldat Réal del Sarte est puni de soixante jours de prison, tant pour avoir menti que pour s'être rendu coupable de désobéissance.

Le mardi 8 mars, au matin, Henry de Bruchard interroge le général Bonnal sur la prétendue punition encourue par Maxime Réal del Sarte. La réponse de l'éminent officier est très nette :

« L'information est certainement tendancieuse. Une telle punition ne pourrait venir que du corps d'armée. Comment l'expliquer ? »

Et comme l'auteur des *Chroniques du Moghreb* rappelait au général les « motifs » que les journaux républicains de Nancy alléguaient : une chambre en ville... l'absence de la garnison, ce dernier haussa les épaules, se refusant à discuter la sottise de tels prétextes. Resterait alors l'accusation d'avoir « menti à deux reprises au cours de l'enquête ». Or, le blessé n'avait même pas été interrogé par l'autorité militaire au cours de cette enquête. Le général Bonnal ajoutait spontanément :

« Il faut croire plutôt à une tentative de suggestion envers l'autorité militaire entreprise par les organes des loges, mais qui se serait manifestée vingt-quatre heures trop tôt, l'enquête n'étant pas close. » Quand à l'affaire elle-même, le général Bonnal ne cache pas sa tristesse des compromissions qu'elle révèle, entre le commandement et la police. Il ne peut s'expliquer le rôle du colonel Joly, obéissant aux réquisitions du commissaire spécial.

« Quels ordres ce commissaire a-t-il communiqués au colonel? Quels ordres écrits de l'Intérieur le colonel, au reçu de sa communication, lui a-t-il réclamés? C'est inconcevable! *J'ai connu des chefs de corps qui, en pareille occurrence, auraient mis leur pied au bon endroit. Personne d'honnête ne les en aurait blâmés.* »

« LA VÉRITÉ, ajoute le général, et c'est infiniment triste, C'EST QUE NOUS TOUCHONS LA UN DES EXEMPLES FRAPPANTS DES CONSÉQUENCES CRIMINELLES QUI SUIVENT LA DESTRUCTION DU BUREAU DES RENSEIGNEMENTS. Nos officiers sont sous les ordres des policiers. Ce n'est plus à eux qu'incombent certaines surveillances, certaines précautions, mais à des agents de la sûreté, peu au courant des vrais intérêts de l'étranger. Ces agents, d'ailleurs, sont le plus souvent d'anciens sous-officiers qui ont raté l'épaulette, qui ont conservé des rancunes, qui n'aiment pas les officiers et se vengent à leur façon. D'autre part, les chefs militaires se défient d'eux à juste titre, connaissant et leur hostilité et leur maladresse. Rappelez-vous l'affaire de la mitrailleuse, à Châlons. Et ce qui est encore plus triste, c'est de voir un accord trop complet entre un argousin et nn colonel! Enfin, c'est une abominable affaire! »

Le lendemain cette interwiew paraissait dans *l'Action Francaise*. Dès lors, tout le système du juif Meyer était détraqué. Son enquête ne tenait plus debout. Il se voyait réduit à nouer la fameuse *intrigue dite « de Séville »*.

Quelques jours après, M. de Maizière allait interwiever Mgr le duc d'Orléans. Dans cette conversation, le rédacteur du *Gaulois* fit au grand exilé un récit partial du guet-apens, s'obstinant à défendre le colonel coupable. Mgr le duc d'Orléans donna son avis sur l'attentat. Puis de Maizière revint en France. Et, un dimanche matin, en tête de la feuille mondaine, un grand article interprétant cette conversation s'étalait sur deux colonnes.

Dans sa conclusion, De Maizière condamnait la méthode d'action de Vaugeois et de Maurras par la bouche du duc d'Orléans.

Ce récit fit le tour de la presse ; on en parla dans tous les milieux ; certains se réjouissaient par avance de la ruine du Nationalism Intégral. L'Action Française s'émut ; elle dépêcha à Séville, où se trouvait alors Mgr le duc d'Orléans, cinq membres de son comité directeur, pour demander au prince quels étaient les motifs de cette condamnation. Il leur répondit qu'on avait odieusement abusé de lui, et rédigea, de concert avec eux, la note suivante :

A la lecture de l'article paru dans le Gaulois *du 20 mars, nous nous sommes rendus à Séville, auprès de Mgr le Duc d'Orléans, pour lui demander si nous devions reconnaître Sa pensée dans les paroles qui viennent d'émouvoir toute l'opinion de notre pays.*

L'Action Française était-elle en désaccord avec le Chef de la Maison de France, notamment sur la discipline militaire, le devoir électoral et la nécessité d'accepter toutes les méthodes capables d'assurer le salut public par la Monarchie ?

Mgr le Duc d'Orléans nous a déclaré que ses paroles concernant l'Action Française n'avaient pas été comprises. Monseigneur a bien voulu ajouter qu'il ne nous avait nullement blâmés dans les circons-

tances actuelles, et que NOUS ÉTIONS EN ENTIÈRE COMMUNION D'IDÉES AVEC LUI.

En prenant congé de Mgr le Duc d'Orléans, pour transmettre aux ligueurs d'Action Française une EXPRESSION AUTHENTIQUE DE SA PENSÉE, *nous l'avons prié de prendre connaissance de cette note, à laquelle Il a daigné donner* SON APPROBATION.

L'Action Française triomphait; ses locaux de la Chaussée d'Antin restèrent illuminés pendant deux jours; une grande réunion se tint à l'Institut d'Action française, au cours de laquelle les voyageurs de Séville parlèrent de l'auguste exilé. D'autre part, les lettres de désabonnement affluaient à l'administration du *Gaulois*. Arthur Meyer s'engagea dans une autre voie. Sûr qu'il était de l'appui de la haute juiverie, il intenta à *l'Action Française* un procès en diffamation. Il faut croire cependant que ses revendications étaient bien peu légitimes, puisqu'au bout de peu de temps il se voyait contraint d'abandonner son procès avec dépens.

D'aucuns ont reproché aux nationalistes d'attaquer Arthur Meyer, sous prétexte qu'il est converti au catholicisme et que c'est un conservateur. Nous avons tenté, dans la mesure de nos forces, de faire ressortir son ignominie, à propos de l'attentat de Toul. Ajoutons qu'il en sera de même pour tout. Partout où l'on voit passer le nez d'un juif, on peut être sûr qu'il y aura trahison. Voilà pourquoi notre antisémitisme n'est pas un antisémitisme mitigé.

Au Ministère de la Guerre

Le mercredi 2 mars, M. le commandant Cuignet, dont on connaît le dévouement à la cause monarchique, adressait au général Brun, ministre de la Guerre, la lettre suivante :

Paris, le 2 mars 1910.

A Monsieur le Ministre de la Guerre,

Un colonel a été assez oublieux de l'honneur militaire et de la dignité de son commandement pour se faire l'auxiliaire des basses manœuvres d'un policier contre un soldat placé sous ses ordres.

J'ai l'honneur de vous faire connaître que je me présenterai à votre cabinet, *demain jeudi à 9 heures du matin*, accompagné de MM. Bernard de Vesins, Frédéric Delebecque et Robert de Boisfleury, anciens officiers, membres des Comités directeurs de l'Action française, afin de vous demander quelles mesures vous comptez prendre pour mettre fin à ce scandale.

Commandant CUIGNET,
Chef de bataillon d'infanterie en retraite.

Cette démarche de quatre officiers, près du ministre de la Guerre, indique éloquemment l'énergie et la ténacité de l'Action Française. Des membres directeurs de la ligue du Nationalisme intégral réclamaient une explication.

Qu'allait répondre le ministre ? Allait-il les recevoir ? Refuserait-il de les entendre ? Il eût été difficile de le dire.

Aucun précédent n'existait. Le commandant Cuignet ne pouvait s'appuyer sur aucune loi, aucune régularité, aucune légalité.

Le jeudi 3 mars, à 9 heures précises du matin, le commandant Cuignet, accompagné de Bernard de Vesins, Frédéric Delebecque et Robert de Boisfleury, tous anciens officiers, membres des Comités directeurs de l'Action Française, arrivèrent rue Saint-Dominique et pénétrèrent dans les services du ministère de la Guerre.

Dans une antichambre, précédant le cabinet du général Brun, l'huissier les fit asseoir.

Après quelques instants d'attente, l'huissier prévint nos amis que le ministre, obligé de se rendre au Conseil, se trouvait dans l'impossibilité de les recevoir. Cette réponse avait donné lieu à plusieurs allées et venues de l'aimable gardien du ministre.

Nos amis décidèrent alors de remettre leur visite au lendemain, 4 mars.

Cette première démarche n'avait donné aucun résultat. Mais ses auteurs ne pouvaient se décourager : avec sérénité, ils attendirent le lendemain ; énergiques dans leur mission, ils pensaient se faire entendre du ministre ; ils avaient raison.

Le général Brun, si ennuyé et si coupable qu'il fût, devait recevoir les membres de l'Action Française. Faisant contre mauvaise fortune bon cœur, il prit son courage à deux mains, se composa une attitude et les fit introduire.

Certes, il hésita longtemps avant d'entendre nos amis.

Après plusieurs atermoiements, il se résigna. Puis, devait-il se dire : « Comme cela, je saurai ce qu'ils pensent. Peut-être ne connaissent-ils pas mon rôle exact dans cette triste affaire ; je verrai. »

Le vendredi 4 mars, à 9 heures du matin, le commandant Cuignet, accompagné, comme la première fois, de MM. Bernard de Vesins, Frédéric Delebecque et Robert de Boisfleury, anciens officiers, se rendit au cabinet du ministre de la Guerre.

A l'instar de la veille, ils traversèrent plusieurs salles, suivirent plusieurs couloirs et parvinrent à l'antichambre ministérielle.

Ils attendirent quelques instants et un huissier, le même que la veille, leur demanda l'objet de leur visite. Ayant remis leurs cartes à l'huissier, ce dernier leur apprit que le ministre n'était pas là et que, d'ailleurs, en principe, il ne recevait que sur audience. A quoi le commandant Cuignet répondit qu'il avait informé le ministre de sa visite et qu'il attendrait son arrivée.

Après trois quarts d'heure d'attente, l'huissier vint prévenir nos amis que la matinée du ministre serait prise par des audiences dès qu'il serait à son bureau. Le ministre. ajouta-t-il, fera connaître sa réponse.

Le commandant Cuignet protesta, déclarant que pareille chose lui avait été dite la veille et qu'il ne lui était pas possible, étant donné l'urgence de la communication qu'il avait à faire, d'attendre plus longtemps. Il demanda, en conséquence, à être mis en présence de la personne, chef de cabinet ou officier de service, qui avait chargé l'huissier de cette transmission.

Au bout de quelques minutes, la délégation vit

arriver dans le salon d'attente un attaché au cabinet du ministre. S'avançant vers le commandant Cuignet, il commença par excuser le ministre, qui, n'ayant été touché par la lettre du commandant qu'à 10 heures et demie du matin, n'avait pu, à son grand regret, recevoir nos amis qui s'étaient présentés le même jour à 9 heures. Il ajouta que le ministre allait les recevoir à l'instant même, et sur-le-champ, il les introduisit dans le cabinet du général Brun.

Malgré leur mépris pour les institutions républicaines, les membres de l'Action Française ne purent s'empêcher d'esquisser un sourire de triomphe.

L'austérité du lieu leur était une raison de plus d'être heureux de la réussite due à leur ténacité. C'était en réduction la preuve de leurs théories.

Ce succès mit au cœur des officiers un baume bienfaisant. Les défaites précédentes s'effaçaient devant leur triomphe.

Le général Brun attendait, debout ; il tendit la main au commandant Cuignet, fit un salut circulaire et invita ses visiteurs à s'asseoir.

Le commandant Cuignet prit la parole.

« Monsieur le Ministre, la lettre que j'ai eu l'honneur de vous adresser avant-hier vous a déjà sommairement renseigné sur l'objet de notre visite de ce matin, que je vais préciser avec plus de détails maintenant. Le colonel Joly, commandant le 106ᵉ régiment d'infanterie, à Toul, s'est fait, comme je vous l'ai écrit, l'auxiliaire des basses manœuvres d'un policier contre un soldat de son régiment, notre ami Maxime Réal del Sarte. Pour permettre au commissaire spécial de Toul d'exercer sur ce soldat une surveillance occulte prescrite par le ministère de l'Intérieur, le colonel Joly lui a envoyé le soldat Réal del Sarte, porteur d'un pli soi-disant confidentiel. Cette mission n'était qu'un prétexte : il s'agissait, en réalité, de fournir au commissaire l'occasion de dévisager Maxime Réal del Sarte et de le faire dévisager par ses agents.

« Il est déjà assez extraordinaire de voir de tels rapports de service entre le colonel d'un régiment et le commissaire spécial de la garnison. Mais quand on sait, comme nous le savons, que ce prétendu pli confidentiel ne contenait qu'une feuille de papier blanc, on est écœuré du rôle ignoble et odieux auquel s'est prêté ce chef de corps. La surveillance ainsi établie sur Réal del Sarte par la police de Toul, avec le concours de l'autorité militaire, a abouti à la tentative d'assassinat que vous connaissez.

— Permettez, insinua le ministre avec un sourire contraint, vous établissez là une relation de cause à effet qui ne m'apparait pas aussi clairement qu'à vous.

— Il me semble cependant, reprit le commandant Cuignet, que la surveillance étroite et constante dont Maxime Réal del Sarte était l'objet aurait dû le mettre à l'abri d'une pareille tentative.

— Oh ! dit le général Brun, s'il en était ainsi, ce serait bien simple : pour empêcher tous ces attentats, il suffirait de faire surveiller tout le monde » (*sic*).

Nos amis réprimèrent leur étonnement devant cette perspective inattendue d'une surveillance qui s'étendrait à tous les citoyens. Le commandant Cuignet poursuivit :

— Il n'en est pas moins vrai, Monsieur le Ministre, que Maxime Réal del Sarte n'était pas un soldat ordinaire, puisque tous ses mouvements étaient surveillés par la police. Je répète donc qu'il est étonnant qu'un pareil attentat ait pu se produire impunément et j'ajoute qu'il est étrange qu'aucune enquête sérieuse n'ait été ouverte pour retrouver les coupables.

— Je concède, dit le général Brun, que Réal del Sarte n'est pas un soldat ordinaire. Mais les attentats de ce genre ne sont malheureusement pas très rares et, *s'il s'était agi d'un soldat ordinaire, on n'aurait probablement pas ouvert d'enquête du tout.*» (sic).

Et comme le commandant Cuignet s'étonnait de nouveau de la docilité du colonel Joly aux ordres du ministère de l'Intérieur, le ministre esquissa un geste de doute et fit remarquer que, alors qu'il était lui-même à la tête d'un régiment, il avait fait surveiller, très discrètement d'ailleurs, des hommes suspects ; qu'en faisant cela il avait le sentiment d'avoir accompli son devoir. Il voulut bien reconnaitre, cependant, que le cas actuel n'était pas le même.

A ce moment, Bernard de Vesins intervint :

— Monsieur le Ministre, ce qui nous a particulièrement révoltés dans cette affaire, nous anciens officiers, c'est ce fait que le colonel Joly a fait prévenir Maxime Réal del Sarte de la comédie de cette prétendue mission chez le commissaire. En agissant ainsi, ce chef de corps s'est abaissé devant son inférieur, qu'il a mis dans l'alternative suivante : ou d'obéir en méprisant son colonel qui lui donnait l'exemple de la duplicité, ou de céder à une indignation légitime et de s'engager ainsi, *lui soldat jusqu'alors irréprochable*, dans la voie de la rébellion. La présence d'un officier supérieur aussi dénué de caractère à la tête d'un régiment, et d'un régiment de l'Est, dans une place frontière, constitue pour l'armée un véritable danger auquel le ministre de la Guerre a l'obligation de porter remède. Votre sentiment du devoir militaire et de la dignité du commandement doit vous inspirer des sanctions nécessaires.

— Eh bien ! dit le ministre, j'ai prescrit une enquête. Elle sera sans doute plus longue que la vôtre, mais elle sera aussi plus sûre. Ceux qui m'informent sont mieux placés pour savoir la vérité et plus impartiaux que ceux qui vous ont fourni vos renseignements.

— Nos renseignements sont certains, reprit le commandant Cuignet. Nos sources sont d'ailleurs les mêmes que celles auxquelles vous pourrez puiser : elles émanent du régiment de Réal del Sarte et de ceux qui l'entourent à Toul. Quoi qu'il en soit, nous espérons, Monsieur le Ministre, que vous nous ferez connaitre les résultats de cette enquête qui se font bien longtemps attendre.

— Ces résultats, répondit le général Brun, vous les connaîtrez bientôt, puisqu'on doit m'interpeller, je crois, à la Chambre. Je me réserve de prendre alors les mesures que je jugerai convenables.

— Pardon, Monsieur le Ministre, interrompit Bernard de Vesins ; permettez-moi deux observations. D'abord, vous serez amené à donner la prépondérance au témoignage du colonel et des officiers qui sont précisément en cause ; par conséquent, votre enquête sera suspecte. Ensuite, étant ministre dans le cabinet actuel, vous ne pouvez ignorer que, pour l'Action Française, le résultat d'une interpellation n'est point un jugement et que l'avis de la Chambre est souvent fort différent de la vérité. »

Le général Brun leva vaguement les bras au ciel. Alors le commandant Cuignet :

— Cette affaire n'en restera pas là. » Et s'animant tout à coup et élevant la voix : « *Le pays saura si cette armée dans laquelle j'ai servi, celle d'autrefois*, que vous avez connue, vous aussi, et qui, aujourd'hui, est déshonorée par la présence de ces délateurs dont quelques-uns portent la plume blanche et qui sont échelonnés depuis le grade de général jusqu'à celui de chef de bataillon, *si cette armée, école d'honneur, sera décidément transformée en école de lâcheté.* Cette situation ne peut durer, Monsieur le Ministre ; si vous avez encore le sentiment de l'honneur militaire, vous devez en souffrir comme moi. Au cours de l'affaire Dreyfus, le baron von Süsskind, successeur du colonel von Schwarzkoppen, écrivait : « Il est « temps que l'affaire Dreyfus cesse ; sinon l'honneur « des officiers allemands risquerait d'être gravement « compromis au delà des frontières. » Eh bien ! je vous dis, moi, Monsieur le Ministre, que l'honneur de l'armée française est compromis, non seulement au delà des frontières, mais aussi à l'intérieur du pays, et *cet honneur de l'armée, vous en êtes responsable.* »

Le général Brun, qui avait écouté dans un silence déconcertant cette juste invective, se leva brusquement, comme pour mettre fin à l'entretien. « Comme je ne partage pas votre opinion sur ce point... » dit le ministre à mi-voix, et le reste de la phrase échappa à nos amis. Tous quatre s'étaient levés. Le général Brun répéta encore : « Enfin, je vais faire une enquête. »

— Alors, Monsieur le Ministre, dit le commandant Cuignet, nous viendrons vous en demander les résultats. Quel jour pourrons-nous nous présenter devant vous? »

Le général Brun déclara avoir besoin de huit jours. Malgré la longueur de ce nouveau délai, qui provoqua encore quelques observations de la part du commandant Cuignet, *les quatre officiers acceptèrent d'attendre une semaine avant de venir chercher la réponse promise* (1).

Le résultat était beau d'avoir contraint le ministre d'entendre la vérité sans qu'il eût essayé de se justifier. Il avait compris, dès le début de l'audience, qu'il avait affaire à des caractères d'élite. Il s'était incliné devant la supériorité morale de ses inférieurs, s'avouant à lui-même son mensonge et sa complicité; il s'était senti incapable de discuter.

Au soupir de soulagement que provoqua chez lui la sortie de ses interlocuteurs, succéda une crise de dépit. Il regrettait maintenant l'audience accordée. Et dans huit jours ce serait de même! Oh! non, il ne le voulait pas. Que faire? Aller voir Briand, son soutien et son maître. Haletant, il fut en toute hâte place Beauvau, où le président du Conseil lui dicta sa conduite future.

Le vendredi 11 mars, jour fixé pour la réponse du général Brun aux officiers d'Action française, le commandant Cuignet, toujours accompagné de Bernard de Vesins, Frédéric Delebecque et Robert de Boisfleury, se rendit au ministère de la guerre.

1. Le présent récit est certifié conforme à la vérité par MM. le commandant Cuignet, chef de bataillon en retraite; Bernard de Vesins, Frédéric Delebecque, capitaines d'artillerie démissionnaires, officiers de réserve; Robert de Boisfleury, lieutenant d'infanterie en réforme.
L'attestation des quatre officiers, interpellateurs du ministre, est pour nos lecteurs un sûr garant de l'authenticité de notre récit.

A neuf heures, exactement, ils se présentèrent au cabinet du ministre, afin d'être informés des résultats de l'enquête militaire.

Le ministre refusa de les recevoir, manquant une fois de plus à sa parole.

Un sous-ordre du ministre, officier subalterne, fit part au commandant Cuignet, de ce que le ministre devait répondre, le lendemain, au Sénat, à une interpellation de M. Le Breton, et qu'en conséquence le général Brun ne pouvait leur donner aucune communication.

En protestant avec force contre la bassesse de ces procédés, les officiers d'Action française se retirèrent.

Avec tristesse, ces anciens soldats constatèrent l'abaissement moral de l'armée française dans ses plus hauts éléments.

D'ailleurs, leur insuccès était atténué par leur faible espoir du résultat de l'enquête militaire. Ces officiers royalistes étaient trop au courant des manœuvres républicaines pour conclure, un instant, à l'efficacité de l'intervention ministérielle. Ils avaient été, eux aussi, à d'autres époques, victimes du ministère de la guerre. Le général Brun valait ses prédécesseurs.

Cependant, par un dernier scrupule, ils s'efforcèrent de montrer à ce ministre tout l'avilissement de sa conduite et lui adressèrent la lettre suivante :

Paris, le 11 mars 1910.

A Monsieur le Ministre de la Guerre,

Comme suite de l'entretien que nous avons eu avec vous, il y a huit jours, sur les agissements du colonel Joly vis-à-vis du soldat Maxime Réal del Sarte, nous nous sommes présentés de nouveau à votre cabinet ce matin, à neuf heures.

Vous aviez, par avance, accepté cette deuxième entrevue dont vous aviez vous-même fixé la date à aujourd'hui, et vous vous étiez expressément engagé à nous communiquer les résultats de l'enquête que vous aviez dit devoir ouvrir sur les faits que nous vous avions signalés.

Aussi n'avons-nous pas été peu surpris d'être reçus, non par vous-même, mais par un officier subalterne de votre cabinet. Cet officier nous a déclaré, en votre nom, qu'ayant à répondre demain samedi à une question qui vous serait posée au Sénat sur ces mêmes faits, vous ne pouviez nous faire aucune commuication.

Or, déjà, il y a huit jours, vous nous aviez annoncé que vous alliez être questionné au Parlement, et néanmoins vous vous étiez expressément engagé à nous communiquer aujourd'hui les résultats de votre enquête.

Votre nouvelle attitude constitue un manquement formel aux engagements que vous avez pris ; et elle ne peut s'expliquer que par la crainte de voir réduire à néant, au cours d'une nouvelle entrevue, les conclusions de vos enquêteurs.

En agissant comme vous avez agi, vous nous mettez dans l'obligation, Monsieur le Ministre, de confronter avec la vérité les allégations que vous vous proposez de produire à la tribune du Parlement.

Commandant Cuignet, *chef de bataillon en retraite;* Bernard de Vesins, Frédéric Delebecque, *capitaines d'artillerie démissionnaires, officiers de réserve ;* Robert de Boisfleury, *lieutenant d'infanterie en réforme.*

Le ministre se renferma dans le plus profond silence, et les quatre officiers qui s'étaient mis en avant, considérant leur mission terminée, cessèrent leurs démarches.

Avant de quitter l'antichambre du général Brun, déshabillons tout à fait ce ministre peu scrupuleux. La franchise n'était pas son cas. En congédiant ceux qui voyaient trop clair dans son jeu, il avait menti effrontément, par l'intermédiaire de son sous-ordre. Au moment précis où l'interpellation Le Breton lui servait de motif pour se dérober, un télégramme était reçu par le sénateur, dans lequel il lui était demandé de remettre à plus tard son interpellation. La dépêche suivante en témoigne :

Laval, cinq heures du soir, le 12 mars 1910.

Actiofran. — Paris.

Surpris de la réponse faite au commandant Cuignet. Le ministre m'a demandé hier, vendredi, par pneumatique d'ajourner ma question.

LE BRETON,
Sénateur.

Le mensonge était flagrant. Le premier pas était fait par le ministre dans cette voie. Il allait s'y engager avec plus d'ardeur encore, dans sa réponse au Sénat Pour ce politicien manqué, il fallait sortir de ce mauvais pas. Le mensonge ne le gênait pas. Il s'agissait de garder le portefeuille de la guerre, sans concession. La fin justifiait les moyens.

Le général Brun, au cours de son entrevue avec le commandant Cuignet, déclarait, quant à l'enquête sur l'attentat, « s'il s'était agi d'un soldat ordinaire, il n'y aurait pas eu d'enquête ». Au Sénat, le même général devait s'écrier quelques jours plus tard : « Il en sera pour le soldat del Sarte, comme pour les autres, lorsqu'un soldat est l'objet d'un attentat, l'autorité militaire signale la chose à la gendarmerie et, s'il y a lieu, le procureur de la République est saisi. »

D'autres contradictions de ce genre pourraient être relevées ; un volume n'y suffirait pas. Les citoyens conscients, rêvés par nos démagogues et leurs représentants, sont arrivés à un tel point d'apathie ou de servilité qu'aucune forme n'est plus respectée. Il fut un temps, c'était la jeunesse de Marianne, où l'on conservait un reste de pudeur ; un ministre ne se permettait de changer de méthode qu'en des affaires différentes, voire même qu'aux renouvellements de législature. Aujourd'hui, leur insolence est plus grande ; peut-être devons-nous cela au sentiment qu'ils éprouvent de l'indifférence des masses ! Le peuple se détache de plus en plus de ce régime de cabotins, et les acteurs ne se sentant plus surveillés, négligent parfois un peu trop leur jeu, leur mise en scène.

La peur du général Brun lui évita quelques contrevérités. Il dut à sa frayeur première de ne pas nier les faits apportés à la tribune par M. Le Breton, au cours de la séance que nous allons revivre.

Interpellation au Sénat

Parmi tous les défenseurs de Réal del Sarte, tous ses amis, tous ceux qui s'occupèrent de lui à un titre quelconque, il en est un dont le mérite fut particulier. Le sénateur royaliste Le Breton s'est, dès les premiers jours de mars, mis à sa disposition.

Avant l'attentat, il avait accepté le mandat d'interpeller le ministre de la guerre sur la persécution dont Réal del Sarte était victime à Toul. Il devait le faire. Quelques jours avant, le guet-apens se produisait. La corrélation des deux faits n'est pas certaine, elle est probable.

Avec une énergie sans pareille, le sénateur de la Mayenne voulait obtenir du ministre des explications sur la conduite du colonel Joly.

Après comme avant l'attentat, son rôle fut toujours le même. Son intervention fut grandie par le mauvais vouloir du ministre, par son silence obstiné. Cependant le général Brun fut obligé d'accepter le débat.

Interpeller un ministre n'est rien, quand celui-ci accepte la question. Mais le général Brun, dans cette occasion, trouvait toujours une excuse, toujours un motif, toujours une explication afin de se dérober. Il faut être au courant du parlementarisme, pour savoir la difficulté d'un sénateur ou d'un député de dire la vérité à la tribune. Ce sont les ordres du jour, les renvois à la commission, les ajournements, les vacances, quand ce n'est pas le rappel à l'ordre, la censure, l'exclusion de l'interpellateur irascible.

Nous avons vu l'expulsion de Pierre Biétry, les rappels à l'ordre de Jules Delahaye.

Eh bien! M. Le Breton sut éviter ces foudres; tranquillement, avec insistance, patience et persévérance, il poursuivit le ministre de son interpellation. Il n'abandonna pas sa question. A tous ces titres, M. Le Breton a droit à notre reconnaissance. C'est un parlementaire que le parlementarisme n'atteint pas. C'est un de ces rares sénateurs, qui, au milieu de la corruption, a su garder son indépendance et son honneur.

M. Le Breton avait déjà informé le ministre de la guerre de son intention de lui adresser une question concernant la situation particulière de Réal del Sarte, au régiment, avant l'attentat. Le 1er mars, huit jours après l'agression du bois de Chaudeney, il renouvelait, par lettre, sa demande d'interpellation, y ajoutant les circonstances ayant suivi l'attentat du 20 février. Le samedi 12 mars, le ministre avait accepté le débat, après bien des tergiversations.

La veille, le général Brun envoie au sénateur royaliste un pneumatique, l'informant de son désir de remettre la discussion, d'ajourner la question. Tous les moyens furent employés par le ministre de la guerre pour faire pièce au vaillant défenseur de Réal del Sarte. Mais tout a une fin ici-bas. Il fallut engager la bataille sur le terrain parlementaire, et le samedi 2 avril, plus d'un mois après le dépôt de l'interpellation, le général et le sénateur entrèrent en lice.

M. Le Breton, avec netteté et précision, apporta les preuves de la culpabilité du colonel Joly dans l'attentat de Toul. Avec hypocrisie et faux-fuyant, le général Brun lui répondit. Le début fut marqué par une grande attention des sénateurs présents. Puis aux applaudissements de la droite se mêlèrent les cris de fureur des forcenés de la radicaille. Le ministre, pour être sûr de lui, avait lâché tous les chiens de garde du ministère. Quand, après avoir hurlé et sifflé, ils regardaient le ministre, celui-ci les encourageait, il leur disait : très bien, et eux, par cupidité, continuaient.

La piteuse réponse du général amena une vive réplique du sénateur, et pour terminer cette journée, le ministre... regretta l'attentat et ne se prononça pas sur l'attitude du colonel Joly. Il avait fallu de la persévérance et de la ténacité à M. Le Breton pour obtenir un débat public. Au cours de la bataille, il avait eu besoin de tout son sang-froid et de toute son ardeur pour réussir à parler au milieu de la meute hurlante de sénateurs de gauche. Ils avaient bien gagné leur argent, ces fauves du radicalisme, par leurs cris, leurs invectives et leur tapage. Quelle récompense durent-ils obtenir! Quels remerciements leur devait le ministre! Celui-ci s'en rendit compte, et après la séance, ils durent fêter la victoire... du général Brun. Une victoire, mais non, il n'y avait pas de résultat. Pourtant c'en était une victoire pour le général Brun, combien de fois avait-il eu peur de défaillir et de tomber sous le poids écrasant du mépris des honnêtes gens. Depuis longtemps, il envisageait cette lutte avec terreur. Il s'en tira sans trop de mal.

M. Le Breton atteignit son but cependant : la publicité était donnée à l'attentat de Toul. Dans toutes les campagnes on connaîtrait la vérité, c'était un résultat. Les efforts, au Sénat, de M. Le Breton, coordonnés avec la démarche du commandant Cuignet, dénotaient une entente et une puissance des royalistes.

Mais donnons le compte rendu de cette mémorable séance.

« Je demande au Sénat, dit M. Le Breton, quelques instants pour poser au ministre de la Guerre quelques questions concernant un soldat de la garnison de Toul et l'attentat dont il a été victime. »

Immédiatement, l'attention des sénateurs est en éveil ; on sait qu'il s'agit d'un Camelot du Roi et cela suffit pour allumer tout au moins la curiosité.

Ce jeune soldat, d'une très honorable famille, très intelligent, est ancien élève de l'École des Beaux-Arts. Tous ceux qui le connaissent rendent hommage à la noblesse de ses sentiments et à la loyauté de son caractère. (*Très bien ! à droite.*)

La veille de son départ pour le régiment, il a déclaré à ses amis qu'il comptait laisser la politique à la porte de la caserne et qu'il allait s'appliquer uniquement à devenir un soldat modèle.

Il a tenu sa promesse.

Il s'est fait remarquer par sa docilité, sa ponctualité, son intelligence, son aptitude et son goût pour les choses militaires.

C'est à ces divers titres qu'il a été autorisé à suivre le peloton des élèves caporaux.

Quelques jours plus tard, le général de brigade, pendant une revue, l'engageait à se préparer à l'examen des élèves officiers de réserve.

Cette présentation du soldat Maxime Réal del Sarte éveille en sa faveur toutes les sympathies de l'Assemblée.

Nulle raison donc pour que Maxime n'accomplit pas son service dans des conditions normales.

Mais on avait compté sans la police politique :

Malheureusement les choses changèrent brusquement de face. Un ordre était venu du Ministère de l'Intérieur (*Exclamations à droite*), et Réal del Sarte était informé qu'il n'était plus autorisé à suivre le peloton des élèves caporaux. Cependant on restait bien disposé à son égard et on lui proposa de l'embusquer dans un bureau. Cette solution ne correspondait pas au sentiment que ce jeune homme avait de son devoir militaire, et il réclama simplement ce qui était son droit, n'ayant en rien démérité.

Que s'était-il donc passé?

Le commissaire central de Toul avait fait demander expressément au colonel de lui faire connaître le soldat Réal del Sarte et d'être averti de toutes les permissions qui lui seraient données, des heures de départ et des lieux de destination des permissions. (*Exclamations à droite.*)

M. Jénouvrier. — Je pense que le colonel a expulsé ce commissaire avec tous les égards dus à sa personne.

M. Le Provost de Launay. — Des mouchards pour les soldats !

Il y en a pourtant assez pour les officiers!

M. Le Breton dit comment se comporta le colonel Joly en face de cette invitation du commissaire qui le conviait à collaborer, lui officier, à une besogne de police politique.

M. Le Breton. — Le colonel, à la suite de cette démarche, envoya Réal del Sarte porter lui-même un pli confidentiel au commissaire central. (*Exclamations à droite.*)

Le jeune homme, un peu surpris de la mission, l'accomplit ponctuellement et demanda ironiquement au commissaire s'il n'y avait pas une réponse. Celui-ci répondit négativement.

Quelques jours après, au moment d'un départ de permissionnaires, un officier, faisant l'appel à la fin, s'arrêta au nom de Réal del Sarte et regarda le commissaire central.

Réal del Sarte partit, mais deux agents en civil montèrent dans le wagon et ne le quittèrent plus de toute la journée. (*Vives protestations à droite.*)

M. Gaudin de Villaine. — Il était mieux surveillé que Duez!

M. Le Breton. — Mieux, évidemment, que les soldats assassins de Mme Gouin.

En résumé, Réal del Sarte était l'objet de tracasseries continuelles, mais on ne put le faire sortir de sa réserve. (*Très bien! très bien!*)

C'est ainsi qu'un sous-officier, dans la ville, aux yeux du public révolté, lui fit faire trois fois demi-tour pour l'obliger à le saluer trois fois, qu'une permission accordée était retirée au dernier moment, sans motif; qu'enfin on le faisait passer d'une compagnie dans une autre.

C'est alors que Maxime Réal del Sarte obtint de son colonel cette entrevue au cours de laquelle le colonel se révéla si indigne :

Réal del Sarte eut un entretien avec son colonel, dont je ne dirai pas les détails, trop affligeants. (*Mouvement à droite.*) Mais le colonel lui fit observer qu'il avait été l'objet de condamnations.

Réal del Sarte rectifia, en montrant au colonel qu'il s'agissait d'une condamnation politique et non de droit commun, que la preuve en était qu'il avait subi le régime des condamnés politiques à la Santé.

Le colonel alors lui demanda s'il pouvait lui en fournir la preuve écrite.

Le jeune soldat répondit qu'il suffisait d'écrire au directeur de la prison de la Santé — ce qui fut fait — mais jamais la réponse du directeur n'arriva !

Réal del Sarte demeura donc exclu du peloton des élèves caporaux.

M. Gaudin de Villaine. — Je demande donc à M. le Ministre quelles mesures il a prises ou compte prendre contre une intrusion de la police dans l'armée que je trouve humiliante !

M. Jénouvrier. — J'espère que le Sénat tout entier pense comme vous.

M. Le Breton. — Il n'est pas admissible qu'un jeune soldat, ayant toutes les qualités physiques et intellectuelles, soit exclu de cette façon, surtout lorsqu'il fait entièrement abstraction de ses sentiments politiques. (*Très bien ! très bien ! à droite.*)

Je comptais poser cette question à M. le Ministre dès le mois de février lorsque je fus averti que Réal del Sarte venait d'être victime d'un attentat et cela m'oblige à poser deux autres questions.

M. Le Breton, avec une précision saisissante, fait alors le récit de cet attentat du 20 février et relate les circonstances qui l'accompagnèrent.

Quels sont ces agresseurs restés mystérieux ? Ni des voleurs, car, alors, ils auraient dépouillé leur victime, ce qui était facile ; ni des ennemis personnels, car Maxime n'avait eu de discussion ni de noise avec personne.

C'était donc une vengeance politique !

M. Le Breton l'établit clairement, devant les sénateurs à qui son argumentation rigoureuse ne permet pas la moindre protestation.

En présence de cet attentat contre un soldat si surveillé, que fait l'autorité ? Rien.

On a fait une enquête, mais comment!

Le commissaire central porte une lourde responsabilité s'il ne cherche pas les coupables, car il savait que ce jour-là une réunion devait avoir lieu à Nancy, que Réal del Sarte pourrait être tenté d'y aller et il devait le faire surveiller.

Précisément, ce jour-là on n'exerça aucune surveillance!

Donc un gendarme ouvre l'enquête en interrogeant Réal del Sarte. Celui-ci lui montre des lettres anonymes qu'il avait reçues, dont l'une l'avertissait de se méfier de l'ombre et des heures où il prendrait la garde.

Le gendarme ne mentionne pas ces lettres.

Un capitaine poursuit l'enquête et ne mentionne ces lettres anonymes que sur l'instance formelle du jeune homme.

Pendant ce temps, les journaux répandent le bruit qu'il ne s'agit que d'une rivalité amoureuse.

M. Rouby. — Cela arrive quelquefois!

M. Le Breton. — Cela n'était pas en l'occurrence! Réal del Sarte est trop profondément religieux pour avoir une aventure amoureuse, et il n'en a pas. (*Rires à gauche.*)

Le soir même de l'attentat, on aurait dû surveiller Toul et ses alentours pour prendre les agresseurs.

Or le troisième ou le quatrième jour seulement, on fit une razzia et cela dans certains établissements de la ville, avec le désir d'établir que Réal del Sarte était un habitué de ces maisons, ce qui n'était pas.

Eh bien! je dis que c'est là une singulière manière de conduire une enquête. (*Très bien! très bien! à droite.*)

« J'ajoute, poursuit M. Le Breton, que ce n'est pas là un cas isolé. Depuis quelque temps il y a vraiment trop de morts violentes qui restent mystérieuses, trop de forfaits qui restent impunis. »

Et, point gêné par les grognements sournois de quelques républicains cyniques et impénitents,

M. Le Breton énumère quelques-uns de ces crimes et quelques-uns de ces forfaits :

C'est la mort mystérieuse du commandant d'Attel *(Oh! oh! à gauche)*; c'est l'assassinat de Gabriel Syveton...

Ici les clameurs de la gauche redoublèrent, sournoises, mais nombreuses.

M. Le Breton, sûr et dédaigneux, reprit :

« C'est l'assassinat de Syveton; c'est l'agression contre M. Pierre Leroy-Beaulieu; c'est le crime de l'impasse Ronsin... »

Puis, soulevant toujours les protestations de quelques radicaux, il passa à d'autres forfaits restés égament impunis :

C'est l'emprisonnement arbitraire d'officiers sans reproche, MM. Dautriche et Rollin, c'est enfin l'affaire du commandant Cuignet que des malfaiteurs ont voulu faire passer pour fou, de façon à obtenir son internement dans un asile d'aliénés parce qu'il gênait certaines personnes. (*Mouvements divers.*)

Eh bien! Il s'agit de savoir si Maxime Réal del Sarte est l'un de ces gêneurs qu'un apache peut tuer impunément. (*Très bien! très bien! à droite.*)

M Delahaye. — Un apache ou un policier.

M. Le Breton. — Je demande à M. le Ministre de la Guerre quelles mesures il compte prendre pour protéger les soldats contre les attentats qui peuvent être dirigés contre eux et pour empêcher le renouvellement d'enquêtes conduites comme celle de Toul, et qui semblent avoir pour objet bien plus de défigurer le caractère d'un crime que de découvrir les criminels. (*Très bien! et applaudissements à droite.*)

M. Brager de La Ville-Moysan. — On veut les dissimuler plutôt que de les découvrir.

Quand le bruit que provoque cette évocation de la série rouge des crimes républicains s'est un peu calmé, M. Le Breton passe à un autre ordre de scandales, que révéla l'attentat de Toul :

M. Le Breton. — Enfin, j'ai une dernière question à poser : l'hôpital de Toul est dans une situation superbe et il est admirablement construit. Mais les chemins qui y conduisent sont dans un état déplorable, de sorte que le transport des malades et des blessés est extrêmement douloureux.

D'autre part, il n'y a pas à cet hôpital d'appareil radiographique. Comment peut-il en être ainsi à Toul, c'est-à-dire dans une garnison toute proche de la frontière et qui, en cas de guerre, recevrait dès le premier moment un stock de blessés ? (*Très bien ! très bien ! sur un grand nombre de bancs.*)

A Nancy, l'hôpital militaire dispose d'appareils radiographiques. Pourquoi ne les a-t-on pas fait venir à Toul, qui est si peu loin de Nancy, pour pouvoir soigner Réal del Sarte. (*Très bien ! très bien ! à droite.*)

Chose encore plus extraordinaire, on manque quelquefois de sublimé à l'hôpital de Toul, et un médecin-major en a manifesté son indignation devant les soldats ! (*Mouvements divers.*)

Je demande à M. le Ministre de trouver dans son budget les sommes nécessaires pour mettre fin à l'état de choses que j'ai signalé. (*Vifs applaudissements à droite.*)

C'est une véritable ovation qui, à droite, et, notons-le, sur plusieurs bancs du centre et de la gauche, salua M. Le Breton quand il quitta la tribune.

Ce que fut la réponse du général Brun, ministre de la Guerre ? On ose à peine le dire. Il est préférable de reproduire, telles que les donne l'analytique, les déclarations hypocrites et fuyantes que fit le petit homme bas, d'une voix hésitante et comme honteuse des mensonges qu'elle exprimait :

M. le général Brun, *ministre de la Guerre.* — Je répondrai d'abord à la question de M. Le Breton, qui vise l'exclusion du soldat Réal del Sarte du peloton d'instruction des élèves caporaux. Dès que le soldat Réal del Sarte arriva au régiment, il fut admis à suivre le peloton. Il se conduisit bien.

Mais peu de temps après, son casier judiciaire ayant été communiqué au colonel, celui-ci s'aperçut qu'outre des condamnations en simple police, le soldat Réal del Sarte avait encouru les condamnations suivantes.

Le ministre entreprend alors l'énumération flatteuse des condamnations qu'encourut Maxime en servant sa patrie et le Roi.

M. le général Brun. — Quinze jours de prison et 50 francs d'amende la première fois.

M. Jénouvrier. — Pour quel motif ?

M. le Ministre de la Guerre. — Pour outrage aux agents.

Seconde condamnation : Six mois de prison, 100 francs d'amende.

Troisième condamnation : Six mois de prison, 100 francs d'amende, pour coups et menaces.

Quatrième condamnation : Quinze jours de prison et 200 francs d'amende, pour outrage à agents.

Si le soldat Réal del Sarte avait été nommé caporal, le colonel, apprenant ces condamnations, aurait dû le casser. Il a donc été sage de sa part non seulement de ne pas le nommer, mais même de l'exclure du peloton. (*Interruptions à droite.*)

C'est alors qu'intervient Henri Vaugeois.

Les balbutiements et toute l'attitude hypocrite du ministre rendaient vraiment odieuse cette caricature de général. Tout homme bien né avait peine à contenir son indignation et à ne pas cacher son mépris à cet intrigant parvenu à la tête de l'armée, qui s'efforçait de justifier un colonel policier.

Henri Vaugeois soulagea la conscience publique en exprimant tout haut les rancœurs de chacun.

Je ne sais ce que bégayait le ministre quand Vaugeois s'écria, de la tribune d'où il assistait à la séance :

— *Plus haut! Tâche de parler plus haut!*
Quand on déshonore l'armée française, il faut parler tout haut, ministre de la République...

Vif émoi dans la salle des séances; tous les sénateurs se lèvent et se tournent vers l'interrupteur qui se permet de prendre part aussi vivement aux débats sans avoir été désigné par un collège électoral.

Dès les premières paroles d'Henri Vaugeois, le président Dubost avait fait fonctionner la sonnerie d'alarme des grands jours; reproduit dans tout le Luxembourg, l'appel désespéré fit affluer vers la tribune des rédacteurs en chef une nuée d'agents, de gardes, d'huissiers, qui prêtant main-forte aux deux argousins qui veillent sur le journaliste, l'arrêtent.

Avant qu'on l'entraîne, Vaugeois ajoute;

« *Si je parle ici, c'est comme témoin. J'ai été à Toul, je sais ce qui s'y est fait.* »

Puis, les deux vieillards à qui leurs collègues ont confié l'administration du Palais s'efforcèrent de persuader Henri Vaugeois de l'incorrection de son intervention.

— Mais, leur répliqua Vaugeois, au temps où nous

sommes, les convenances de salon n'ont plus qu'une importance secondaire.

Désespérés et indignés, les deux questeurs renonçant à moraliser plus longtemps, invitèrent notre ami à se retirer.

L'ancien professeur de l'Université, plein de talent, d'idée et d'action, qu'est Vaugeois, n'avait pu retenir son indignation devant la piteuse attitude du général Brun. Son tutoyement patriotique, comme dit « Rivarol », montre le degré de son mépris pour le menteur du Ministère de la Guerre. L'exemple donné par Vaugeois sera sans doute suivi. D'autres interpelleront sans mandat les fantoches républicains, mais l'honneur revient au directeur de *l'Action Française*, d'avoir préconisé par son action et sa conduite le devoir des patriotes.

A plusieurs titres, nous devons remercier Vaugeois. Dans la salle du Palais du Luxembourg, sa voix était celle de la nation. Son intervention dénote, également, le peu de cas fait par lui du mandat législatif.

Les sénateurs le comprirent. Les deux questeurs mirent toute leur ardeur à lui montrer son impolitesse, afin de relever la majesté du lieu. Le rôle des mandataires du Grand-Orient ne peut plus être pris au sérieux, dès qu'un individu vient prendre part au débat, sans être régulièrement issu d'une Commission de recensement.

Les grands organes quotidiens, esclaves du Ministère, changèrent le tutoyement de Vaugeois en paroles polies et respectueuses de la personne du général Brun.

Un mot d'ordre avait été lancé de la place Beauvau. Il fallait atténuer, pour le peuple, l'effet produit par l'intervention si habile et si appropriée de Vaugeois. Le tutoyement patriotique et méprisable fut transformé en une formule servile.

Le général Brun, remis de la terrible émotion qu'il avait éprouvée, reprit ensuite sa propre apologie :

Je passe à la seconde question que m'a posée M. Le Breton au sujet du même soldat.

Le commissaire spécial Fougères avait été chargé par le ministère de l'Intérieur, d'exercer pendant son service militaire une surveillance sur le soldat del Sarte, à raison de ses condamnations antérieures. Il s'adressa au colonel du régiment, pour le prier de lui faire connaitre ce soldat. (*Interruption à droite.*)

M. Jénouvrier. — De quel droit le commissaire est-il allé interroger le colonel? Et le colonel a répondu! Et vous approuvez cela! (*Très bien! — Applaudissements à droite.*)

M. le Ministre de la Guerre. — Le soldat del Sarte fut envoyé par son capitaine porter un pli au commissaire spécial, afin que celui-ci pût le connaître.

D'autre part, le ministère de la Guerre avait cru nécessaire d'écrire au colonel du régiment une lettre pour lui signaler que le soldat Réal del Sarte, connu comme Camelot du Roi (*Interruptions à droite.*), avait été mêlé à de nombreux incidents avant son incorporation, et pour lui recommander de veiller à ce que des incidents analogues ne puissent pas se produire, lorsqu'il aurait des permissions.

Vous voyez, Messieurs, que le traitement fait au soldat Réal del Sarte ne ressemblait aucunement à de la persécution. (*Interruptions à droite.*) On voulait seulement le prémunir contre ses propres entrainements. (*Exclamations à droite.*)

M. Le Cour Grandmaison. — On l'a bien protégé, en effet!

M. le Ministre de la Guerre. — S'il n'a pas été maintenu au peloton des élèves caporaux, il l'a dû à ce fait, que sa conduite passée ne permettait pas de l'admettre dans l'armée à un grade même subalterne. (*Interruptions à droite.*)

Que ferai-je, m'a demandé M. Le Breton, pour protéger le soldat del Sarte contre des attentats?

Il en sera pour le soldat del Sarte comme pour les autres : lorsqu'un soldat est l'objet d'un attentat, l'autorité militaire signale la chose à la gendarmerie et, s'il y a lieu, le procureur de la République est saisi.

Personne n'a oublié que le ministre de la Guerre affirmait, il y a peu de jours, le contraire à nos officiers : il leur déclarait, en effet, dans son cabinet, que s'il s'était agi d'un soldat « quelconque », il n'y aurait probablement pas eu d'enquête.

Le ministre termina, en déclarant que si l'hôpital de Toul était aussi dépourvu, c'était faute de crédits.

Quelques pauvres diables qui veulent faire réformer les fils de leurs agents électoraux applaudirent de leur mieux.

Ces explications piteuses furent loin de satisfaire tout le monde, on le pense bien. M. Le Provost de Launay et M. Le Breton en montrèrent la faiblesse honteuse :

M. Le Provost de Launay. — Il est inadmissible qu'un commissaire de police vienne signaler un soldat à son colonel. Il est encore plus étrange que le ministre de la Guerre vienne par sollicitude, dit-il, signaler à son colonel un soldat qui n'a été l'objet que de condamnations politiques, alors qu'il a fallu les menaces réitérées d'interpellations soit ici, soit à la Chambre, pour qu'on nous présentât un projet de loi qui chasse les apaches de l'armée.

On nous disait que des interdits de séjour rentraient à

Paris ou à Lyon, dont ils avaient été chassés. Il aurait dû préserver les régiments d'une véritable gangrène.

C'est là qu'était l'honneur de l'armée, et non dans le fait de surveiller un malheureux garçon qui allait faire son devoir simplement. Eh bien! non; il a fallu que Mme Gouin fût assassinée pour qu'on prît des mesures contre les apaches.

Je ne veux pas pénétrer les secrets de la justice militaire, mais il me sera bien permis de m'étonner que, dans cette affaire, les gredins ayant avoué leur crime, ils n'aient pas encore été jugés et condamnés. (*Vifs applaudissements à droite.*)

M. Le Breton ne fut ni moins net ni moins précis :

M. Le Breton. — M. le Ministre n'a pas répondu aux questions que je lui ai posées.

Je trouve bien singulière la conduite de ce commissaire de police qui, chargé de surveiller Réal del Sarte, néglige justement de le surveiller le dimanche, jour de l'attentat.

Il y a deux façons d'envisager le rôle de la police. Il y a celle de l'officier de paix du sixième arrondissement qui vint un jour trouver M. Pujo et lui dit : « Vous êtes menacé d'un mauvais coup, je viens avec des agents pour vous défendre. »

Ce jour-là, la police avait compris son véritable rôle, qui est d'assurer la sécurité des citoyens. Il y a, par contre, la façon du commissaire de Javel, qui a livré aux violences de cinquante apaches les jeunes gens royalistes, qui venaient apporter des secours aux inondés. Je crains que le commissaire de Toul n'ait entendu son rôle comme le commissaire de Javel.

Je ne comprends pas qu'on puisse empêcher d'accéder aux grades inférieurs, des jeunes gens qui n'ont subi que des condamnations politiques.

Voix à gauche : Les outrages aux agents ne sont pas des condamnations politiques.

M. Le Breton. — La preuve que c'étaient bien des condamnations politiques, c'est que Réal del Sarte les a subies au régime des détenus politiques. Je ne comprends pas qu'une Chambre comme le Sénat approuve cette exclusion. Désavouerait-il Gambetta qui défendait le major Labordère, disant qu'il n'avait commis qu'un crime politique?

Non, la majorité du Sénat ne peut confondre les condamnations de Réal del Sarte avec des condamnations de droit commun. Elle, qui a fait du lieutenant-colonel Picquart un général de brigade et l'a placé, plus tard, à la tête de l'armée. (*Bruit à gauche.*)

Et comme il faut toujours rappeler le point de départ de toutes les hontes et de toutes les forfaitures : l'Affaire Dreyfus, M. Le Breton termine en évoquant, au milieu des cris étouffés et rageurs des républicains, la forfaiture de la Cour de Cassation :

Vous n'avez pas le droit d'empêcher un jeune homme d'accéder aux grades inférieurs, parce qu'il a conservé la conviction que conservent bien d'autres, que la Cour de Cassation a violé l'article 445. (*Bruits à gauche, applaudissements à droite.*)

A cette affirmation, le ministre se hâte d'interrompre :

M. le Ministre. — Personne plus que moi ne regrette l'attentat dont a été victime M. Réal del Sarte; mais je trouve qu'on a eu raison de lui interdire l'accession aux grades inférieurs. Je serais désolé de voir un simple soldat mêlé à des manifestations politiques, je le serais encore plus d'y voir mêlé un gradé. (*Très bien! Très bien! à gauche.*)

M. Brager de La Ville-Moysan. — Approuvez-vous, oui ou non, qu'un colonel se fasse l'auxiliaire de la police?

Le général Brun ne répondit pas et la séance fut levée, au milieu d'une grande agitation.

La dernière question posée au général Brun résumait une partie du débat. Le ministre avait refusé de s'expliquer, éludant ainsi le point le plus important du débat, qui consistait à savoir si le colonel Joly était coupable.

C'était assurément le moyen le plus simple de se tirer d'affaire.

Sanctions inattendues

Des sanctions étaient nécessaires, obligatoires. Allait-on déplacer ou casser le colonel Joly, ou tout au moins le déférer à un Conseil d'enquête? Trouverait-on les assassins et les tribunaux seraient-ils appelés à rendre la justice? Le rôle odieux du commissaire spécial serait-il suspecté, flétri et condamné? Ou bien le général Brun, couvrant ce fonctionnaire, démissionnerait-il? Briand lui-même pouvait-il avoir été convaincu de l'ordre d'assassinat et encourir un blâme des parlementaires? Autant de questions qui se posaient naturellement dans les esprits; mais des conclusions d'un autre genre vinrent confirmer, une fois de plus, la thèse du crime politique avec la complicité du Gouvernement.

Ce dernier montra, en effet, sa ténacité à préserver de toute atteinte coupables et complices, et s'acharna contre les défenseurs de Réal del Sarte avec l'injustice la plus flagrante. En l'occurrence, ces défenseurs commirent contre la discipline une faute volontaire, réfléchie. Ils reconnurent le délit sans discussion et se laissèrent condamner, en approuvant leurs juges sur tout ce qui n'était pas question de forme. D'ailleurs, l'un d'eux n'en était pas pour la première fois à se voir obligé de sacrifier à son honneur le sentiment de l'obéissance. Ainsi que le lieutenant de Boisfleury, le capitaine de Levezou de Vesins n'avait pas hésité à abandonner une carrière qui lui était chère, plutôt que de se prêter à la besogne des inventaires.

Vers le milieu de mai, l'autorité militaire avertit MM. Frédéric Delebecque et Bernard de Vesins, capitaines de réserve, de se présenter le 23 mai à la place, afin de pouvoir regarder à leur aise leur dossier.

Ils s'étaient rendus coupables d'avoir écrit au ministre de la Guerre, le 4 avril, une lettre injurieuse envers ce ministre.

C'est en vertu d'un ordre ministériel du 12 mai que ces officiers étaient sous le coup de sanctions disciplinaires.

Le général Brun n'oubliait pas l'attentat de Toul. Comme il l'avait promis — pour la première fois, peut-être, il tenait parole — sur son ordre, l'autorité militaire s'occupait des suites de l'agression du bois de Chaudeney.

Pourquoi Bernard de Vesins, Frédéric Delebecque, et non les autres? Le commandant Cuignet n'était plus soldat et le lieutenant de Boisfleury se trouvait en réforme. C'était, en effet, sur leur grade militaire, que le ministre se vengea des vérités de ces officiers. Attaquer ses adversaires en Cour d'assisses n'était pas prudent pour le général Brun. Un débat public était redoutable. A son gré, trop de publicité avait été donnée à cette fâcheuse affaire. Au Conseil d'enquête c'était plus sûr. Bien composé et bien dirigé, le résultat n'était pas douteux.

Les intéressés, eux-mêmes, convinrent du devoir des membres du Conseil d'enquête de se prononcer pour la cassation.

Le général Brun pouvait être tranquille. C'était, au surplus, une occasion excellente de supprimer leur grade à deux officiers de réserve, dont la compétence et l'autorité pouvaient, en certains cas, alliées à d'autres bonnes volontés, mettre le régime en péril. Or, le fait de la démocratie est de placer les intérêts du régime avant ceux de la nation.

En l'absence du capitaine Delebecque, le capitaine de Vesins se rendit le 23 mai, conformément à la convocation de l'autorité militaire, à la place de Versailles. Il prit connaissance de son dossier et déclara ne pouvoir faire d'observations sur la sanction dont parlait la dépêche ministérielle, car il ignorait à laquelle des sanctions possibles il était fait allusion. Le loisir lui était laissé de se demander : « Si on allait le décorer, pour avoir rendu un service exceptionnel à l'armée, en lui apprenant l'indignité du général Brun ou si on le révoquerait pour avoir écrit au ministre une lettre injurieuse. » Puis, notre ami se retira.

C'est à propos d'une lettre écrite par les quatre officiers d'Action française, après la séance du Sénat, quant à Réal del Sarte, que Bernard de Vesins fut cité à comparaitre devant le Conseil d'enquête. Rappelons-en le passage incriminé :

A qui avez-vous menti, Monsieur le Ministre, au Sénat ou à nous?

L'ensemble de la discussion du budget de la Guerre au Sénat avait déjà révélé votre incapacité; la question qui vous a été posée par M. Le Breton a révélé votre indignité.

En vous parlant, nous avons conscience d'être les interprètes du mépris public, de tous ceux qui, ayant porté l'uniforme d'officier, ont recouvré leur liberté, et du mépris secret de tous ceux que la discipline rend muets.

Le Conseil d'enquête était ainsi composé : général Carbillet, président; colonel Lefaille, du 31e d'infanterie (ancien officier d'ordonnance du général André); commandant Connétable, chef du génie de Versailles; les capitaines de réserve d'artillerie Breger et Hoffmann, membres.

Le 20 juillet 1910, au reçu de l'ordre de comparaître, Bernard de Vesins adressa la lettre suivante au ministre de la Guerre :

MONSIEUR LE MINISTRE,

J'ai reçu communication de votre ordre du 1er juillet, qui m'envoie devant un Conseil d'enquête parce que j'ai signé, avec le commant Cuignet, le capitaine Delebecque et le lieutenant de Boisfleury, une lettre datée du 4 avril et que vous jugez injurieuse.

J'ai l'honneur de vous faire part de la décision que j'ai prise de ne point me présenter devant le Conseil d'enquête.

La raison en est simple : je ne conteste pas avoir signé cette lettre, dès lors, toute discussion à son sujet est inutile, ma présence au Conseil d'enquête est superflue; des officiers soucieux du bien du service et de l'exécution des règlements militaires doivent me condamner. Je m'y attends, à leur place j'agirais ainsi.

Je pourrais, à la vérité, contester que cette lettre soit injurieuse, car elle ne contient que vos propres paroles, et c'est de la contradiction de ces paroles qu'est née l'obligation où nous nous sommes trouvés de vous demander à qui vous aviez menti.

Mais c'est là une question qui échappe à la compétence du Conseil d'enquête, je ne la soumettrai donc pas.

Qu'un officier traite le Ministre de la Guerre de menteur, le Conseil le dira : c'est intolérable. Ce qu'il ne pourra pas dire, mais il le pensera, c'est qu'il est encore bien plus intolérable, que le Ministre de la Guerre se soit abaissé jusqu'à mentir et qu'il soit descendu jusque-là, afin de couvrir les complaisances de certains officiers envers la police politique, et afin d'empêcher que celle-ci soit convaincue de participation à une tentative d'assassinat envers un jeune soldat, irréprochable au point de vue militaire, mais criminel envers le gouvernement, parce qu'il est royaliste.

C'est pour souligner aux yeux de tous votre attitude indigne d'un soldat, que j'avais dû écrire la lettre que vous incriminez : je savais quelles en seraient pour moi les conséquences, mais j'avais le devoir étroit de rendre au pays et à l'armée le service de leur faire connaitre votre conduite.

Votre conduite, Monsieur le Ministre, est une de ces injures à la patrie, qui ne peuvent être punies que par un gouvernement conscient de ses devoirs envers la France : ce gouvernement, nous travaillons à rendre son retour prochain. Quand il sera rétabli, nous vous donnerons rendez-vous à nouveau; vous aurez à rendre compte de tous vos actes, et ce jour-là, la justice étendra sa main sur vous. Le sacrifice que je fais aujourd'hui des derniers liens qui me rattachent à une carrière que j'aimais par-dessus tout, n'aura pas été inutile, et ce sera ma récompense.

Bernard de Vesins.

Le lendemain de l'envoi de cette lettre, de Vesins recevait une citation au conseil d'enquête pour la date du samedi 30 juillet, dans la salle d'honneur du 104e de ligne, boulevard de Latour-Maubourg, à Paris. Cette citation mentionnait que si l'officier convoqué ne se présentait pas, il serait passé outre.

Comme il l'avait écrit, il ne se dérangea pas.

Le jeudi 4 août, Bernard de Vesins était avisé de se présenter le lendemain à la gendarmerie de Versailles. Il s'y rendit à 9 heures du matin.

Le capitaine de gendarmerie Denis lui remit le dossier de la procédure du conseil d'enquête et notamment le procès-verbal de la séance que ce conseil avait tenue le 30 juillet.

Après avoir entendu la lecture de diverses pièces, notamment : 1° le rapport du commandant Connétable chargé de l'enquête; 2° la lettre que Bernard de Vesins avait adressée, le 20 juillet, au ministre de la guerre, le conseil a procédé au vote sur la question qui lui était soumise : « Le capitaine de réserve de Levezou de Vesins est-il dans le cas d'être révoqué pour avoir, en dehors d'une période militaire, adressé à un de ses supérieurs un écrit injurieux? » La réponse a été : *oui, à l'unanimité.*

Le lecteur a remarqué d'ailleurs que, dans la lettre qu'il adressait, le 20 juillet, au ministre de la Guerre, le capitaine de Vesins prévoyait cette réponse.

Il prit connaissance des diverses pièces du dossier. Il releva une erreur de fait commise par le président du conseil d'enquête, et se retira.

Dans la crainte que le capitaine n'eut point donné connaissance au conseil d'enquête de sa seconde lettre « injurieuse », le ministre s'était empressé d'en envoyer l'original au président, sans proposer toutefois une seconde révocation.

En sa qualité d'administrateur de l'Action française, à la suite de cette notification, M. Bernard de Vesins fut interwiéwé par quelques journalistes. Voici les déclarations qu'il fit sur ce sujet :

Il m'en coûte infiniment de voir rompus les derniers liens qui me rattachaient à l'armée. Je comptais bien, lorsque j'y suis entré, y faire ma carrière, comme tant des miens et comme mon père l'avaient fait. J'ai d'abord donné ma démission parce que je ne voulais pas continuer à donner au gouvernement l'appui matériel et moral que je lui apportais comme officier et qu'il employait, lui, contre la France. J'ai estimé alors que la meilleure manière qui s'offrait à moi de servir mon pays, c'était de reprendre toute ma liberté d'action et de combattre la République. Mais, au moins, je pouvais espérer qu'un jour je le servirais encore comme officier sur le champ de bataille, en restant officier de réserve. Je dois même renoncer à cela, mais comment pouvais-je taire que le général Brun avait menti, puisqu'il a menti en effet.

En dénonçant un ministre indigne et incapable, j'ai conscience de servir encore mon pays, comme je le sers en travaillant à détruire la République, qui le déshonore et qui le ruine.

Que pouvons-nous ajouter à ces mâles paroles? Nous laissons le lecteur sur l'impression de ces déclarations.

Le conseil d'enquête n'est qu'une voix consultative. Le ministre n'est en rien obligé de se conformer à son avis, dans les cas ordinaires. Mais là, une décision contraire n'était pas à prévoir. C'était sur l'ordre du ministre de la guerre que le conseil d'enquête s'était réuni, et c'était le plus intéressé à l'exécution de la sanction.

Le ministre, juge et partie dans ce procès, n'avait pas à hésiter. Le mercredi 26 octobre, le capitaine de Vesins recevait la lettre suivante :

MINISTÈRE DE LA GUERRE

DIRECTION
DE L'ARTILLERIE

Bureau du Personnel

RÉPUBLIQUE FRANÇAISE

Le Ministre de la guerre

informe M. de Lévezou de Vesins (M. J. P. B.), capitaine de réserve au 32e régiment d'artillerie, que, d'après l'avis du conseil d'enquête devant lequel il a été convoqué le 30 juillet 1910, par application de l'article 7 du décret du 31 août 1878, par. 7, — et par décret du 16 septembre 1910, il est révoqué de son grade et de son emploi.

Paris, le 16 septembre 1910.

Pour le ministre et par son ordre,

Le général directeur de l'artillerie,
Signé : Illisible.

Détail piquant : au moment où le ministre de la guerre révoquait Vesins, le colonel du 32e d'artillerie, qui le connaissait depuis quinze ans et qui ne considérait que ses notes militaires, le proposait pour l'avancement.

Frédéric Delebecque avait reçu quelques jours auparavant une lettre analogue, l'informant qu'il avait été révoqué par décret du 3 octobre 1910.

La seconde victime du ministre de la Guerre avait suivi, à peu de chose près, la même méthode que son camarade, la même action étant dirigée contre lui.

Au commencement du mois d'août, Frédéric Delebecque, capitaine d'artillerie de réserve, reçut à son tour un avis de sa comparution devant un conseil d'enquête. Comme à Bernard de Vesins, il lui était reproché d'être l'un des signataires de la lettre collective et injurieuse adressée au ministre de la Guerre, le 4 avril précédent.

Donnons la nouvelle composition du conseil d'enquête : général Rougier, commandant la brigade du génie du gouvernement militaire de Paris, président; colonel Lebas, directeur d'artillerie à Versailles; chef d'escadron Lauth, du 11e régiment d'artillerie; capitaine de réserve Décandin, officier d'habillement au 13e régiment d'artillerie; capitaine de réserve Duhart, trésorier au 13e régiment d'artillerie, membres.

Le capitaine Delebecque fut invité à se présenter au chef d'escadron Lauth, rapporteur du conseil d'enquête, et répondit à cette convocation par la lettre suivante :

J'ai l'honneur de vous faire part de la décision que j'ai prise après avoir reçu la convocation que vous m'avez adressée en votre qualité de rapporteur du conseil d'enquête appelé à donner son avis sur mon cas.

Je ne me présenterai ni devant vous, ni devant le conseil d'enquête, ne voulant pas avoir l'air de reconnaître, par cette comparution, la légalité de la procédure qui a été suivie en la circonstance, et faisant à cet égard toutes réserves que de droit.

Néanmoins, Frédéric Delebecque fut informé de la date, de l'heure et du lieu de la réunion de ses juges militaires.

Ce devait être le 16 août, à 2 heures 30, salle d'honneur du 104e régiment d'infanterie, caserne Latour-Maubourg, à Paris.

De plus, il lui fut notifié que s'il ne se présentait pas, il serait passé outre.

Tout comme de Vesins, il ne se rendit pas à la convocation militaire.

Peu de temps après la communication du décret du 3 octobre 1910, le capitaine Delebecque introduisait un pourvoi devant le Conseil d'État. Son but n'était pas de récriminer contre la mesure prise à son égard, mais de servir l'intérêt général des officiers susceptibles de passer en conseil d'enquête, en faisant ressortir les irrégularités dont la procédure avait été entachée dans cette affaire. Il importe, en effet, d'établir si la création des conseils d'enquête a été effectuée, ainsi que le prétendait *le Temps*, « pour allier l'indépendance au bon sens », ou bien si elle n'est seulement qu'un moyen de persécution politique. Les règlements de cette institution peuvent-ils en principe être impunément violés? A-t-on le droit de passer outre à toute une série de formes, qu'une circulaire a prétendu *sine qua non?* Voilà ce qu'il serait intéressant de savoir et c'est ce que le capitaine Delebecque, plus autorisé que nous en cette matière, commentait en ces termes, en attendant la solution de son pourvoi :

« Le décret du 8 novembre 1903 sur les conseils d'enquête des officiers de complément assure à ces officiers certaines garanties. Il spécifie que les deux membres du conseil les moins élevés en grade doivent être officiers de réserve. Dans le conseil d'enquête nommé par le gouverneur de Paris pour donner son avis sur mon cas, les deux membres les moins élevés en grade étaient qualifiés capitaines de réserve. Il semble donc que la condition requise par le décret ait été remplie. Il n'en est rien.

« En effet, le décret a voulu donner à l'officier de réserve soumis à l'enquête la garantie que deux de ses juges seraient pris parmi ses pairs, c'est-à-dire seraient des officiers de réserve comme lui, astreints accidentellement, comme lui, à la discipline militaire, mêlés, comme lui, à la vie publique, se trouvaient, en somme, dans des conditions d'existence analogues aux siennes. Or, que sont les deux prétendus officiers de réserve qui ont siégé dans mon conseil d'enquête ? l'un est l'officier d'habillement, l'autre le trésorier du 13ᵉ régiment d'artillerie, ils remplissent ces fonctions en *permanence*. Tous deux sont des officiers ayant atteint l'âge de la retraite et néanmoins *maintenus dans leurs fonctions actives* par une décision ministérielle toute spéciale prise en vertu de la loi du 25 juillet 1893. Ces maintiens dans les cadres après l'âge de la retraite (avec classement *nominal* dans la réserve) ne sont que très exceptionnement accordés et, à l'heure actuelle, toujours à des gens sûrs. Quelle garantie peuvent offrir ces pseudo-officiers de réserve, qui n'ont jamais quitté le service actif et qui bénéficient d'une faveur ministérielle ?

« L'esprit du décret a donc été violé. La lettre aussi l'a été.

« L'article 2 du décret spécifie, en effet, que les officiers de réserve en question sont désignés « parmi les officiers accomplissant une période d'activité ou en résidence dans le gouvernement militaire, la région ou la division où se forme le conseil ». C'est-à-dire que la désignation doit porter : 1° ou sur des officiers de réserve accomplissant une période d'activité dans la région ; 2° ou sur des officiers de réserve dans leurs foyers, en résidence dans la région. Or, les pseudo-officiers de réserve de mon conseil d'enquête n'appartiennent ni à l'une ni à l'autre de ces deux catégories. Ils sont présents à leur corps *en permanence.* Donc : 1° ils n'accomplissent pas une *période* d'activité ; 2° ils ne sont pas davantage dans leurs foyers.

« Sous le régime antérieur du décret de 1880, il n'y avait dans ces conseils d'enquête qu'un officier de réserve ; le décret de 1903 a voulu qu'il y en eût deux : avec M. le gouverneur de Paris Dalstein, il n'y en a pas du tout. »

***

« Mais voici qui intéresse non plus seulement les officiers de complément, mais tous les officiers.

« Une instruction ministérielle indique que les notifications et convocations doivent être adressées à l'officier soumis à l'enquête « par la voie hiérarchique « et en observant les formes prescrites pour les af- « faires concernant le personnel des officiers, c'est- « à-dire sous pli fermé et avec une mention spé- « ciale » : une circulaire postérieure rappelle qu'en cette matière « les formes doivent être *scrupuleuse-* « *ment* observées ». Or, le commandant Lauth, rapporteur, m'a convoqué par simple lettre recommandée, sans avis de réception ; j'ai reçu plusieurs ordres du gouverneur de Paris à découvert, sans enveloppe ; j'ai été invité par le président à comparaître devant le conseil, non par la voie hiérarchique, mais directement par le seul intermédiaire de la gendarmerie.

« Ces irrégularités de forme sont graves. Si le Conseil d'État décide que la procédure a été régulière, il en résultera qu'un officier déféré à un conseil d'enquête peut recevoir des communications du président ou du rapporteur sans que ses supérieurs hiérarchiques soient tenus au courant, sans que, par suite, ils puissent intervenir en sa faveur, le cas échéant. Dans une affaire purement disciplinaire, les règles élémentaires de la discipline seraient ainsi méconnues et, en outre, l'officier soumis à l'enquête serait privé d'un appui auquel il a droit.

« Si, d'autre part, le Conseil d'État ne trouve rien à redire à la remise à découvert, par un gendarme, d'un ordre relatif à un conseil d'enquête, la dignité de l'officier n'est plus protégée. »

« Voilà quelques-unes des irrégularités que j'ai relevées.

« En résumé, j'estime que le décret qui m'a révoqué est entaché d'excès de pouvoir et je demande au Conseil d'État de l'annuler. »

⁂

« L'instruction suivie contre moi m'a mis en outre à même de constater l'incurie et la négligence qui règnent dans le gouvernement militaire de Paris.

« L'ordre du gouverneur convoquant le conseil a été modifié trois fois. Le rapporteur d'abord désigné s'est trouvé « indisponible comme partant en permission » et a été remplacé par le commandant Lauth. Puis le membre du conseil du grade de colonel, est « devenu indisponible comme ayant obtenu une per- « mission de trente jours » ; il a été remplacé par un autre colonel, qu'on a, à son tour, reconnu « indisponible comme étant détaché à l'administration centrale de l'armée », et qui a été enfin remplacé par le colonel Lebas.

« De mon temps, il était de règle, avant de désigner des officiers pour un service de cette nature, de s'assurer qu'ils étaient disponibles. « Nous avons changé « tout cela », répondront, tels Sganarelle, ces messieurs de l'État-major du gouvernement militaire de Paris.

« Quant au rapporteur, le commandant Lauth, qui ne lit pas les instructions ministérielles, le désordre semble son fait. C'est lui qui a rédigé la lettre que le président m'a envoyée pour me citer devant le conseil : cette lettre n'est pas datée, et il y est fait mention du décret du 3 novembre 1903, alors que le décret est du 8.

« Le commandant Lauth est, je crois, le gendre de Percin; le chef et le sous-chef d'État-major du gouverneur de Paris sont francs-maçons : le premier est le général Saurel, jadis préposé par André au chambardement de l'École d'application, le second le colonel Jacquot, illustre dans les annales de la délation. N'est-ce pas le cas de répéter notre vieux dicton : « Dreyfusien, propre à rien ?

« F. Delebecque. »

Une réunion à la Salle Wagram

Le vendredi 18 mars, une grande réunion de protestation contre l'attentat de Toul fut donnée à la salle Wagram.

Sur l'estrade prirent place, avec les orateurs, la marquise de Mac-Mahon, le baron Tristan Lambert, Paul Robain, le docteur Pierra, M. le comte de Briche, etc.

Henri Vaugeois rappela d'abord l'objet de la réunion : ses organisateurs avaient voulu convier le peuple de Paris à protester contre la tentative d'assassinat commise par la République contre Réal del Sarte. La tentative, constatait-il, fut « ratée ». « La République a manqué son coup. Mais nous ne manquerons pas le nôtre. »

Henri Vaugeois exposa alors les détails de l'attentat, les circonstances qui l'accompagnèrent et les faits antérieurs et postérieurs qui s'y rattachaient. Henri Vaugeois en concluait : « Il y a eu crime et crime d'État. » Il rappela le rôle honteux de ce colonel, qui se mit au service d'un policier, colonel véritablement indigne du nom d'officier. Au passage, la foule salua d'applaudissements enthousiastes le nom de la marquise de Mac-Mahon, qui avait visité le blessé avant sa conférence de Nancy.

Après avoir fait éclater ensuite les invraisemblances des explications officieuses du crime, explications reprises à leur compte par les journaux juifs, Henri Vaugeois montre le caractère nettement politique de l'attentat de Toul.

Pour terminer, il rattachait l'attentat à l'ensemble des ignominieux moyens auxquels la République, de jour en jour plus menacée, a recours pour tâcher de prolonger sa défense. A cette basse méthode de résistance, disait-il, nous ne devons pas cesser d'opposer une offensive de plus en plus énergique, et de plus en plus franche. Ce n'est pas seulement la République radicale et maçonnique, mais c'est aussi la République libérale ou modérée qui est décidée à nous combattre, par la perfidie et la diffamation, en nous représentant comme des fauteurs de désordre, comme des alliés de l'anarchie. Répondons en propageant, par la parole et par des actes hardis, notre programme, qu'Henri Vaugeois formulait ainsi :

« La force au service de la vérité, la violence au service de l'ordre, la révolte et la révolution au service de la France éternelle, toutes nos énergies dans l'obéissance au Roi de France. Nous sommes réconfortés, poussés, soutenus par la magnifique discipline de ce jeune révolté qu'est Maxime Réal del Sarte. » *(Vives acclamations. Un triple ban est battu.)*

Le comte de Montesquiou prend ensuite la parole en ces termes :

« Certains, lorsqu'on leur parle de la complicité du gouvernement dans les assassinats ou les attentats commis sous la République de Dreyfus contre les patriotes, montrent du scepticisme. Il est pourtant une chose que tout le monde peut constater aussi bien que nous la constatons, c'est la façon dont sont menées les enquêtes à la suite de ces assassinats ou attentats. Elles sont menées — et cela est si incontestable qu'il faudrait la plus mauvaise foi pour le nier — avec la volonté, de la part du gouvernement, de ne pas les faire aboutir, de ne pas retrouver les coupables. Or, quand il n'y aurait que cela — et je suis persuadé que dans certaines affaires comme l'affaire Syveton il y a eu plus, et que l'ordre de tuer est parti de haut — mais enfin, quand il n'y aurait que cela que cette volonté évidente et même affichée de laisser le crime impuni, cela suffirait pour que nous ayons le droit, je dirai plus, le devoir, de rendre le gouvernement responsable de l'attentat commis.

« Faire, en effet, une enquête dérisoire, assurer ainsi de l'impunité les auteurs du crime, c'est livrer tous les patriotes gênants à leurs adversaires politiques, c'est pousser, c'est exciter à leur assassinat. Or, c'est une telle enquête dérisoire qui a été jusqu'à présent menée dans l'affaire Maxime Réal del Sarte. En voulez-vous une preuve entre bien d'autres ? Quelques jours avant l'attentat, Réal del Sarte avait reçu deux lettres anonymes de menaces. On avait, n'est-ce pas, les plus grandes chances d'y trouver une piste. Or ces lettres sont encore en la possession de Réal del Sarte, la police n'ayant montré aucun désir d'en prendre connaissance, bien que nous ayons, dans le journal, signalé à plusieurs reprises sa négligence scandaleuse sur ce point. Et c'est dans toute l'enquête qu'une telle négligence scandaleuse s'est manifestée. Aussi sommes-nous autorisés à dire : ou le gouvernement connait les coupables, et il les protège, ou il a peur de les connaître. Et dans un cas comme dans l'autre, le véritable coupable, c'est lui.

« Vaugeois vous a déjà parlé de ce côté de la question. Je passe donc tout de suite à ce qui précède l'attentat, à la situation faite à Maxime Réal del

Sarte depuis son arrivée au régiment. Je commence par le déclarer : cette situation est une honte pour tous ceux qui y ont prêté la main. Quel était le crime de ce jeune soldat? De s'être montré plus patriote que tous autres, de s'être mis à la tête de cette vaillante jeunesse qui avait si admirablement défendu, contre la République de Dreyfus, une des gloires les plus hautes et les plus pures de notre histoire. La République s'était vengée par la prison. Mais cette prison était un honneur pour ceux qui l'avaient subie. Or voici que Réal del Sarte est appelé au régiment, et voici que la République va le poursuivre jusque-là. Nous n'avons pas, Messieurs, à nous en étonner. Mais ce dont nous nous étonnons et ce qui nous est douloureux, c'est qu'il se soit trouvé un chef de l'armée pour entrer dans la combinaison assimilant les royalistes aux anarchistes, et pour aider la police dans sa surveillance ; qu'il se soit trouvé un chef pour déclarer à Réal del Sarte que sa prison antérieure — cette prison qui n'a fait que le grandir aux yeux de tous les patriotes — lui interdisait d'aspirer à aucun grade. Et notez, Messieurs, que ce chef n'est pas du clan des délateurs et des destructeurs de l'armée que le commandant Cuignet stigmatisait dernièrement devant le ministre de la Guerre avec une si admirable énergie que celui-ci ne trouvait rien à répondre : non, ce chef est un de ceux qui sont classés « bien pensants ». S'il a aidé la République de Dreyfus dans l'assouvissement de sa vengeance, ce n'est pas par conviction, c'est seulement par faiblesse, par crainte.

« Or, c'est de cela que je veux vous entretenir. Ou plutôt, Messieurs, je veux vous prendre à témoin d'un avertissement qu'en notre nom à tous, je donne à ceux qui se laissent diriger dans leurs actes par la peur du gouvernement.

« Quelqu'un qui avait assisté à la tourmente révolutionnaire et qui était excellent observateur, déclarait que dans une Révolution nul n'était innocent, les bons étant presque toujours coupables de faiblesse. Et nous voyons, en effet, la Révolution actuelle utiliser la faiblesse, la complaisance, la veulerie de nombre de ses adversaires. Ceux-ci, qui ne marchent que par intimidation, le cachent sous le sophisme bien connu : si nous ne faisons pas ce qui nous est commandé, d'autres nous remplaceront et feront encore pire. Et c'est ainsi que nous voyons des hommes probes se plier aux plus sales besognes.

« Mais s'ils acceptent ces besognes, c'est qu'ils escomptent, d'autre part, le silence des patriotes. On ne tire pas sur les siens, se disent-ils.

« Eh bien! si, Messieurs, on est quelquefois obligé de tirer sur les siens, car c'est quelquefois la seule manière de les arrêter dans la fuite, et c'est ce que je crois nécessaire de rappeler aujourd'hui, pour ceux qui escompteraient encore notre silence.

« Je me souviens, à ce propos, d'un incident survenu dans ces dernières années. L'un de nos amis s'était vu enlever sa place de professeur à l'Université pour avoir été rendre ouvertement visite à une congrégation qui partait en exil. Sous l'empire de l'indignation causée par une mesure aussi inique, des catholiques avaient ouvert à notre ami l'un de leurs collèges. Mais cet acte de réparation eut un triste lendemain. A la première conférence que notre ami fit pour l'*Action Française*, on lui signifia du collège en question qu'on ne pouvait plus le garder. Dans une entrevue que j'eus avec le président du Conseil d'administration de ce collège, je lui fis remarquer que lui et ses collègues n'agissaient pas autrement que ne l'avait fait l'Université républicaine, contre laquelle pourtant ils avaient poussé des cris d'indignation. Ma remarque fut de nul effet. Notre ami était devenu soi-disant compromettant. On ne voulut rien voir autre chose. La peur du pouvoir, la lâcheté faisaient leur œuvre. Et, d'autre part, on ne me crut pas lorsque je menaçais de mettre le public au courant de cette lâcheté. Et, en effet, nous gardâmes le silence sur cette affaire. Nous eûmes scrupule d'attaquer des gens si persécutés par ailleurs.

« Or ce scrupule, nous le reconnaissons à présent, est une duperie. L'heure des ménagements est passée. En nous taisant sur les lâchetés commises autour de nous, nous continuons pour notre part à fortifier la Révolution, car nous donnons de la sécurité aux faibles. Puisque les faibles ne marchent que sous la crainte, qu'ils apprennent à nous craindre nous aussi. Cela leur rendra sans doute la situation insoutenable de recevoir dans tous les cas des coups, soit d'un côté, soit de l'autre, quelque attitude qu'ils prennent. Eh bien! tant pis, ou plutôt, tant mieux. Car cette situation insoutenable leur fera peut-être désirer plus vivement un régime où ils n'aient pas besoin de se déshonorer aux yeux des patriotes pour se bien faire venir du gouvernement.

« On nous qualifiera, certainement, Messieurs, une fois de plus d'enragés. Nous acceptons l'épithète, nous contentant de rappeler le mot d'un grand philosophe politique, qui était l'homme le plus pondéré qui soit, mais qui voyait juste. Il disait : « On ne répare « pas avec des tièdes ce qui s'est fait par des enragés. »

Ce qui s'est fait par des enragés, Messieurs, c'est la destruction de la France. Eh bien! nous aussi nous serons enragés pour la défense et le relèvement de notre pays, et par conséquent pour la restauration du Roi, et tous les obstacles que nous rencontrerons, nous en faisons le serment, ne nous rendrons qu'encore plus enragés. »

Discours du Commandant Cuignet.

« C'est un nouveau scandale qui nous réunit ici, dit le commandant Cuignet, un scandale bien plus grave encore que le scandale Ducz. Il ne s'agit plus, en effet, d'un vol d'argent, mais d'un vol d'honneur, vol commis par la République aux dépens de l'armée, c'est-à-dire aux dépens de la France. »

Le commandant Cuignet entreprend alors un récit vivant de l'attentat, pour en montrer le caractère républicain et les conséquences funestes. Il rappelle d'abord quelques-uns des actes de Maxime Réal del Sarte : son intervention à la Cour de cassation *(Cris de : A bas le traître Dreyfus! 445!*, sa campagne contre Thalamas, pour Jeanne d'Arc qui, ayant délivré la France des Anglais, la délivrera bientôt de la République. *(Oui! Oui!)* Exposant les mesures infâmes dues à la collaboration du colonel et du commissaire spécial, le commandant s'écrie :

« Mon cœur de soldat se révolte à la pensée qu'il s'est trouvé un colonel pour prêter les mains à une manœuvre policière dirigée contre un soldat de son régiment ! »

Le commandant Cuignet raconte ensuite la visite qu'avec nos amis officiers, il fit au ministre de la Guerre. L'attitude piteuse du général Brun, les fières déclarations du commandant Cuignet, la gêne des pouvoirs publics, tout émeut vivement l'assistance, qui acclame l'orateur quand, ayant montré la triste situation que la politique républicaine a faite à notre armée, termine en évoquant le coup d'État libérateur :

« Nous sommes, nous, des révoltés, qui crions bien haut ce que nous voulons faire. Nous gardons pour nous l'heure et le moyen. Mais bientôt, soyez-en sûrs, nous irons trouver ce gouvernement de lâches, de voleurs et de traîtres, et nous le chasserons pour rétablir le Roi. » (*Oui ! Oui ! Vive le Roi !*)

Discours de Bernard de Vesins.

« Il est une chose tout à fait extraordinaire. Bien que depuis trente à trente-cinq ans le parti républicain soit le maître incontesté de la République et que tous les quatre ans un chiffre de plus en plus formidable atteste « l'écrasement définitif de la Réaction », comment se fait-il que la République se sente constamment dans la nécessité de rallier ses fidèles en criant au secours.

« C'est qu'elle connaît, la Gueuse, sa faiblesse. Elle ne peut s'appuyer sur rien, car elle a tout détruit.

« *La Justice?* C'est par ce mot que l'on désignait autrefois les magistrats. Que l'on ferait rire, si l'on s'avisait de désigner ainsi les magistrats d'aujourd'hui !

« L'armée? L'armée, sauvegarde suprême du pays, n'a pas été sauvegardée davantage. Et d'ailleurs, il faut bien le reconnaître, la République n'eût pu, l'eût-elle voulu, ne point s'attaquer à l'armée. Son catéchisme individualiste des Droits de l'homme et du citoyen lui fait une obligation impérieuse de détruire tous les corps sociaux, et d'abord ceux qui sont les plus étroitement basés sur les principes d'autorité et de hiérarchie. Il est possible qu'ils aient été sincères, les républicains qui, comme Jules Ferry à Bordeaux, en 1885, disaient : « Nous nous souve« nons qu'avant 1870 nous avons donné dans l'anti« militarisme ; mais les malheurs dont nous avons « été frappés, depuis, nous ont à jamais fait tourner « le dos à des illusions décevantes. » Sincères ou non, ils étaient obligés de revenir à leur chimère, à leur vomissement.

» Et si l'armée est restée longtemps forte, tout entière à sa mission, à qui le doit-on? A ces officiers qui ont tout sacrifié, répétant le mot de leurs honnêtes devanciers : « Ma vie est au Roi, mais mon honneur est à moi. » Eux aussi, hélas, ont été débordés. Ils ont vu la force dissolvante de la démocratie s'insinuer peu à peu dans l'armée et y faire son œuvre néfaste.

« Il y a autre chose. Il n'est pas mauvais qu'à côté de l'amour de la Patrie un autre amour chante dans le cœur du soldat. Il n'est pas mauvais que celui-ci ait conscience et confiance qu'après cette vie, une autre s'ouvrira (*Applaudissements*), au seuil de laquelle il trouvera pour l'accueillir ce Dieu de bonté qui veut être appelé le Dieu des Armées. (*Applaudissements.*)

« La République prétend avoir une armée « répu-

« blicaine ». Lorsque André, interpellé, au moment des fiches, donnait cette raison, pour se justifier, qu'il avait bien fallu faire appel aux ligues de gauche contre les officiers cléricaux, nous avons entendu un député fermement républicain, — républicain modéré, — déclarer : « Nous vous soutiendrons toujours « lorsqu'il s'agira de faire une armée républicaine, mais « à la condition que vous ne fassiez pas de l'armée la « prisonnière des partis et des sectes. » Ce député candide n'oubliait qu'une chose, c'est que la République en est complètement incapable, étant elle-même le plus vil des partis et la plus répugnante des sectes.

« Il s'est créé, dans le public, un penchant funeste. Au nom de je ne sais quel sentimentalisme bête, on est venu à considérer le service militaire comme une corvée. Lorsque le régiment passait dans la rue, on s'est mis à soupirer sur le « pauvre petit soldat ». Comme si le passage à la caserne n'est pas, très souvent, une cure, et, en tout cas, une chose honorable et noble ! Or, il ne faut jamais plaindre ceux qui travaillent à un devoir utile ou glorieux.

« Mais ç'a été ainsi. Et le peuple souverain n'a rien eu de plus pressé que de demander l'allègement de cette corvée. La politique a envahi l'armée du bas en haut. Les officiers acceptant toutes les besognes en viennent maintenant à se faire docilement les auxiliaires des policiers.

« La République nourrira toujours à l'égard de l'armée un sentiment d'instinctive défiance. Une guerre malheureuse serait la fin certaine du régime qui nous opprime. Mais celui-ci a peut-être plus peur encore d'une victoire ; elle ne pèserait pas lourd au bout de l'épée d'un chef vainqueur.

« Pour nous, nous ne désirons pas ce soldat de fortune, qui, sans doute, comme cela s'est vu, inaugurerait un nouveau régime à qui la guerre continuelle serait nécessaire, et laisserait une France affaiblie, démembrée. Nous voulons le chef qui ne sera pas seulement le chef héréditaire, mais saura et pourra laisser la France évoluer comme les siècles l'y ont prédisposée. C'est ainsi que nous acclamerons ce chef, le Roi, qui nous ramènera l'ordre, la grandeur, la paix et la prospérité! » (*Applaudissements. Triple ban.*)

Discours de Léon Daudet.

« Nous avons pensé qu'il était utile de venir exposer ici, dans cette vaste salle Wagram, cette affaire honteuse de l'attentat de Toul. Il le fallait, parce que la presse française, la presse parisienne en particulier, est en immense partie asservie au gouvernement, c'est-à-dire en levant le rideau, aux juifs.

La presse est comme la langue, ce qu'il y a de meilleur et ce qu'il y a de pire. Dans ce pays d'affirmation, de verbe et de verve, c'est la presse qui crée les grands courants politiques. Et que se passe-t-il ? Ceci : tous ces organes de brigandage, dirigés par des forbans, ont partie liée avec le gouvernement. Il les favorise, il les sauve de la potence, à une condition, c'est qu'eux-mêmes l'aident dans les moments difficiles. Les moments difficiles, ce sont l'affaire Syveton, l'affaire Réal del Sarte.

« Les admirables articles de Pujo sur cette affaire de Toul, irréfutables et irréfutés, n'ont pas, ou presque pas été reproduits, même par la presse qui se dit d'opposition. Vous vous souvenez de ces organes,

— principalement des journaux régionaux — que Pujo a classé dans le « chapitre des Canailles », c'est-à-dire de ceux qui ont plus ou moins inconsciemment accepté la mission d'embrouiller l'affaire et de la perdre dans les sables. Il y avait *l'Étoile de l'Est*, qui est blocarde ; mais il y avait aussi *l'Impartial de Nancy*, qui appartient à notre excellente amie l'Action libérale.

Ici, Léon Daudet entre dans le détail des faits; nos lecteurs se les rappellent et savent comment ces journaux prêtaient à Maxime leurs propres mensonges.

« A Paris, ce fut la grande manière : le silence. Le jour où nous aurons renversé la République, on trouvera sans doute à la quatrième page du *Temps*, sous *Un gouvernement renversé*, trois lignes ainsi conçues : « Des jeunes gens appartenant à un groupe « politique ont envahi l'Élysée; le gouvernement est « renversé. A l'heure où nous mettons sous presse. « les détails précis nous manquent encore. »

« C'est à peu près ainsi que *le Temps* a rendu compte de l'assassinat de Toul, en un filet de quelques lignes intitulé : *Un soldat attaqué*. Je n'ai aucune animosité contre M. Hébrard. Ce n'est pas seulement un excellent vieillard, mais encore un excellent garçon. Seulement ce brave Toulousain est tombé sous la coupe de Dreyfus, de la Ligue des Droits de l'Homme et des juifs.

Son silence pour l'attentat de Toul, il le renouvelle ou presque pour le scandale des liquidateurs. La raison? Apprenez que M. Hébrard a été l'associé de M. Marnier pour l'achat de la Grande-Chartreuse. Le traité fut passé dans un château juif des environs de Paris. Et le traité ayant été rompu, M. Hébrard a été actionné par son ancien associé devant le tribunal de Grenoble.

« Après le grand journal républicain, le grand journal conservateur : *le Gaulois.* »

[Et Léon Daudet raconte — avec une verve endiablée, qui transporte de joie l'auditoire, — les incidents récents de l'enquête du *Gaulois* à Toul. Tous nos lecteurs se les rappellent.]

« Ne parlons pas du *Figaro*. On sait bien que si, en apparence, M. Calmette le dirige, le vrai directeur a nom Joseph Reinach. Cela est net, cela est franc, cela nous dispense d'en dire plus long.

« *Le Petit Parisien*, de Jean Dupuy, le Dupuy de Thérèse Humbert, qui est président *in partibus* et intermittent de la presse parisienne.

« *Le Journal* de ce jeune homme qui ne sait ni lire ni écrire, Henri Letellier, fils d'un entrepreneur du Panama.

« Enfin, *le Matin*, de Bunau-Varilla. Celui-ci, s'il a la tête dans le Panama, a les pieds dans les liquidations. Vous trouverez, ces jours-ci, dans *l'Action Française*, l'exposé d'une jolie histoire où l'on retrouve tout *le Matin* embusqué dans une affaire d'exploitation des grandes marques alimentaires. Entendez l'exploitation de la Grande-Chartreuse.

« De bonnes âmes se figurent que cette affaire des liquidations sera le canon chargé d'explosifs irrésistibles avec lequel on démolira la citadelle blocarde. Laissons-les à leurs illusions d'où rien ne les tirera plus. Rien de ces scandales, qui sont connus, qui sont honnis, rien ne pénétrera l'électoral. L'électoral, comme je l'ai dit vingt fois, c'est le jeu du bonneteau. Le tenancier du jeu gagne toujours, parce qu'il tient les cartes. Il n'y a qu'un moyen d'en finir, c'est de déchirer les cartes et de les lui jeter à la figure!

« A bas la République des assassins et des voleurs! A bas la République! Vive le Roi! » (*Applaudissements.*)

A la sortie de cette réunion tous les orateurs furent portés en triomphe, en particulier Charles Maurras, présent à cette réunion. Aucun incident notable ne se produisit. Et ainsi se termina cette grandiose manifestation, à laquelle les patriotes parisiens s'étaient prêtés au nombre de huit mille.

Le rôle de la Presse

Dans cette affaire de l'attentat de Toul, la grande presse française, en faisant le silence le plus profond, montra combien cet organe créé par la Révolution avait été atrophié depuis. La presse est, aux yeux de bien des gens simples, le gage de la liberté. Or, la presse est entre les griffes de l'or, et qui pis est, de l'or juif. Nous l'avons vu abriter dans son sein les fauteurs des plus monstrueux désordres financiers; elle couvre tous les jours des dessous politiques plus ou moins propres et, quand un Français tombe lâchement frappé d'une balle, la presse, agissant sous l'impulsion de la vénalité, aide les assassins à se dégager de tout soupçon en étouffant l'affaire. Mais, sur ce chapitre, laissons parler Léon Daudet dans son article du 27 février 1910 :

« Parlons sérieusement. La liberté de la presse n'existe pas en fait, quand les directeurs de journaux ne sont pas libres, quand ils sont esclaves du gouvernement, quand ils ont dans leur passé une ficelle aboutissant à leur cou et sur laquelle il suffit de tirer. La liberté de la presse est une pure blague, quand le président *in partibus* du Syndicat de ladite presse est en même temps membre du cabinet et brasseur d'affaires comme Jean Dupuy, directeur du *Petit Parisien*. Il faut prendre les confrères pour de fameux serins, quand on ose encore jouer de cette guitare au milieu du spectacle de servilité, d'avachissement, de platitude que nous donne — sauf de très rares exceptions — la presse parisienne d'aujourd'hui.

« Voici un exemple net, clair, palpable, de la décomposition du journalisme : un jeune homme connu pour son courage, sa noblesse d'âme, son dévouement à ses idées, est en train de faire son service militaire dans une garnison de l'Est, à Toul. Il veut n'être là qu'un soldat modèle, étranger aux choses de la politique, passionné pour son métier, le plus beau de tous, qui est la défense du pays. Mais le récent passé de ce jeune homme l'a rendu suspect au gouvernement; et le gouvernement le tient en surveillance; et le commissaire spécial — l'ignoble Fougères — l'épie heure par heure, minute par minute, le traite comme il ne traiterait certes pas un ancien criminel de droit commun; et le malheureux colonel — c'est du Joly! — se prête complaisamment à ces indignes manœvres, se fait l'auxiliaire de la police.

« Ce jeune homme reçoit des lettres de menace, d'avertissement. Il est brave, il n'en tient pas compte. Un soir, en traversant un petit bois, dans les environs de sa garnison, il tombe dans l'embuscade qu'on lui avait annoncée ; des malfaiteurs inconnus, mais qui le connaissaient et le guettaient, lui tirent à bout portant deux coups de revolver, dont l'un le blesse grièvement. Il échappe à la mort par miracle.

« Les circonstances de ce crime, la personnalité de la victime, sa jeunesse, tout là-dedans doit exciter la curiosité et la compassion publiques, sinon soulever l'indignation. Or, les mêmes journaux qui tartinent pendant trois colonnes sur un apache assassiné par ses camarades sont muets ou presque muets sur l'attentat de Toul. Cinq ou six lignes dans un coin obscur, entre une réclame pour un bandage herniaire et un chien écrasé, et c'est tout... Pourquoi cela?... C'est qu'à la première réception du télégramme annonçant ce guet-apens, le mot d'ordre a été donné en haut lieu : « N'insistez pas sur l'affaire del Sarte. » Le téléphone ou l'intermédiaire a fonctionné entre la place Beaupoisson, où trône Aristide, et les cabinets des directeurs de journaux d'affaires. En certains cas, même, dans certaines feuilles, l'entente a lieu tacitement, sans message. On jette d'emblée un voile pudique sur tout ce qui pourrait déplaire à l'Intérieur. Maxime del Sarte serait mort sur le coup que le silence eût été le même. La voilà bien, la liberté de la presse, messieurs du Syndicat et du comité. Elle a une fameuse face de coquine!

« Chose plus forte! Des organes dirigés par de véritables journalistes, comme *le Temps* d'Adrien Hébrard et *le Figaro* de Calmette, des organes qui se disent « d'opposition irréductible », comme *le Gaulois* de M. Arthur Meyer, n'ont pas marché davantage. Supposez un instant que Joseph Reinach reçoive deux balles de revolver, l'une en pleine poitrine, l'autre dans la cuisse, au moment où il traverse le parc Monceau, et imaginez la somme de copie consacrée à cet événement par *le Temps* d'Adrien Hébrard, par *le Figaro* de Gaston Calmette, par *le Gaulois* de M. Arthur Meyer. Quelles clameurs d'indignation, de « désolidarisation » avec le fanatique inconnu, avec le coupable énergumène, quelles consultations de bons docteurs avec bulletin quotidien, état de la blessure, du pouls, de la langue, examen radiographique!

« Mais Maxime Réal del Sarte n'étant pas juif et

étant royaliste, est évidemment considéré par *le Temps, le Figaro* et *le Gaulois* comme un gibier de peu d'importance, bon pour les chasses gouvernementales. Serait-il même établi que le commissaire spécial Fougères avait donné l'ordre de le couper en morceaux, avec l'assentiment du paternel colonel Joly, que le petit *Temps* d'Adrien Hébrard consacrerait un fait-divers de cinq lignes à cet « un soldat tailladé », *le Figaro* de Gaston Calmette reléguerait l'accident aux nouvelles en peu de mots. Quant à M. Arthur Meyer, il prétexterait des nécessités typographiques pour mettre le commencement du bref récit, avec le nom de la victime, au bas de la colonne trois de la page deux, et le fait lui-même au milieu de la colonne cinq de la page trois. Débrouilles-toi, candide lecteur d'opposition, dans ce labyrinthe imprimé. Un directeur qui se respecte, mais qui respecte le pouvoir établi, a en réserve plus d'un tour dans son sac.

« De telles mœurs ne sont pas faites pour relever le prestige, singulièrement diminué, de la presse parisienne. J'ajoute qu'elles soulèvent le cœur de tous les braves gens, et la correspondance que nous recevons ici quotidiennement à ce sujet m'en est une preuve. Je vois bien ce que perdent *le Temps, le Figaro, le Gaulois* à s'abaisser à une telle attitude. Je ne vois pas du tout ce qu'ils gagnent. L'abominable complot tramé contre notre héroïque et cher Maxime mettra peut-être un peu plus de temps à parvenir au grand public. Mais il lui parviendra finalement, par nos soins, et il restera établi que les journaux dignes de ce nom ont, comme les feuilles indignes, obéi en cette circonstance au doigt sale, à l'œil louche d'Aristide Briand.

« Calmette, Meyer, Hébrard, vous ne savez pas quelle force invincible représente un groupe d'hommes se tenant bien et résolus à ne supporter, ni pour leur pays, ni pour aucun des leurs, l'injustice de la République, le joug infâme de la juiverie. Vous regretterez, un jour prochain, de n'avoir pas fait simplement, tranquillement votre devoir en vous fichant de mécontenter la basse crapule de gouvernement et de ghetto qui vous tient actuellement prisonniers. »

Cette apostrophe est cinglante, mais elle est méritée. La presse se conduisit d'une façon ignoble vis-à-vis du pays, au moment de l'attentat. Quelques organes locaux parlèrent cependant, bon gré, mal gré, du guet-apens. Ils dénaturèrent les faits.

Veut-on connaître par quels procédés la presse maçonnique essayait de donner le change sur l'affaire.

Deux journaux lus à Toul : *l'Étoile de l'Est* (blocard), et *l'Est Républicain* (progressiste), publiaient une note identique dans les termes, donc provenant de la même source, et intitulée chez l'un : *Le Camelot du Roy n'a pas le beau rôle*, et chez l'autre : *Fausse déclaration*. Voici cette note :

Nous avons noté l'agression dont le « camelot du roy » a été victime dans les bois de Chaudeney et Dommartin. Actuellement, nous sommes en mesure de pouvoir affirmer que Réal del Sarte n'était pas : 1° vélocipédiste militaire; 2° qu'il a prétendu faussement être porteur d'un pli militaire délivré par un sous-officier destiné au fort de Villey-le-Sec.

Le soldat Réal se rendait à Villey pour porter des journaux et des livres à M. l'abbé Pierron, son correspondant politique et confesseur.

On sait le reste. Il est regrettable que ce militaire ait voulu à la suite de cette attaque se faire passer comme porteur d'un pli militaire pour le fort, ce qui est faux.

Lisez bien cette note et pénétrez-vous une bonne fois de la basse canaillerie officieuse. Ainsi le « camelot du roy n'a pas le beau rôle » (ce sont évidemment les assassins qui l'ont) : Réal del Sarte a menti ! Il a fait une fausse déclaration ! Qui sait même si cette balle qu'il prétend avoir reçue, existe bien ? Car enfin, on ne l'a pas radiographiée ! On ne l'a pas extraite !

Or jamais Réal del Sarte n'a fait la déclaration qu'on lui prête. Ce n'est pas lui qui a dit qu'il était vélocipédiste militaire chargé d'un pli officiel : ce sont les dépêches des agences mal informées ; les comptes rendus de *l'Etoile de l'Est* et de *l'Est Républicain*. Les seuls récits de l'attentat établis sur *les déclarations* de Réal del Sarte sont ceux que nous avons publiés ici, et non seulement ils ne disent rien de tel, mais ils disent même le contraire.

Vous voyez alors la manœuvre de ces deux journaux : *donner d'abord un compte rendu erroné ou mensonger des faits ; puis le rectifier en attribuant à Réal del Sarte leurs propres erreurs ou leurs propres mensonges !*

Le Radical intitulait un jour un article : LE ROYAL CAMELOT DEL SARTE CONDAMNÉ POUR MENSONGE annonçant que « ce jeune homme avait été rayé du peloton des élèves-caporaux en raison des condamnations qu'il avait encourues avant son entrée au régiment » — sans indiquer qu'il s'agit de condamnations politiques.

L'Impartial de l'Est, organe du Progrès libéral, déjà nommé, qui édifie ainsi ses lecteurs : « Réal del Sarte, avant son entrée au régiment, avait été condamné à diverses peines de prison. »

Le Havre-Éclair : « Réal del Sarte, soldat à Toul, a été condamné à 60 jours de prison *pour faits d'indiscipline* ».

La Dépêche de Toulouse : « On se rappelle que, dernièrement, un inconnu tira un coup de fusil SANS L'ATTEINDRE, sur M. Réal del Sarte... Le général Brun a reçu le commandant Cuignet et quelques autres personnes qui venaient l'entretenir de *ce qu'ils appellent la tentative d'assassinat* commise contre M. Réal del Sarte... »

Une mention spéciale est due au maçonnique *Progrès de la Somme*, qui intitule *Assez!* un article réprouvant les pratiques de mouchardage. Ainsi, pendant l'affaire Dreyfus, déchainée par lui, le pudique Joseph Reinach criait : *Assez!* à ceux de ces amis qui poussaient trop loin leurs attaques contre l'armée. Mais il faut voir les raisons de cet accès de vertu. *Le Progrès de la Somme* regrette la surveillance policière de Réal del Sarte, et « l'accident » (*sic*) dont il a été victime parce que cela a mis en relief « ce fantassin qui n'effrayait personne » et « dressé niaisement et sans nécessité à *l'Action Française* cette grosse caisse à parade ». Rappelant la délégation envoyée au ministre de la Guerre, le journal dit qu'elle fut conduite « par cet infortuné commandant Cuignet, dont une *curieuse aberration* a ruiné la belle carrière ». Bien curieuse aberration, en effet, que d'avoir préféré le chemin de l'honneur à celui qu'ont suivi les Picquart et les Targe!

Tous agissent de même. Les faits allégués peuvent changer; l'interprétation reste telle. Cependant il faut noter la contre-partie de ces canailleries ; toute une presse provinciale indépendante s'était formée, gravitant autour de *l'Action Française*, au moment de la campagne Thalamas. Le nombre de ces journaux s'était accru et leurs paroles allaient par tout le territoire semer la vérité et préparer cette recrudescence du mouvement royaliste, dont le flot impétueux semble vouloir broyer tous les obstacles.

De plus, à titre d'exception, Henri Rochefort publiait le 30 avril, dans *la Patrie*, l'intéressant article suivant :

L'assassiné récalcitrant.

L'apache Liabeuf a assassiné l'agent Deray, mais un autre apache a tenté d'assassiner le jeune Réal del Sarte, aujourd'hui soldat à Toul. La seule différence à établir entre les deux criminels, c'est que Liabeuf est aujourd'hui en prison, tandis que son imitateur n'y sera jamais, attendu que les coups de revolver tirés sur del Sarte constituent indiscutablement un nouveau crime à l'actif de la franc-maçonnerie. Les armes de cette Mafia sont aujourd'hui les fiches, le guet-apens et le meurtre, qui se sont développés d'autant plus que les bandits sont non pas seulement protégés, mais encouragés et commandités par les pouvoirs publics. Elle traine déjà derrière elle tout un arpent de cadavres : ceux de Félix Faure, de Syveton, du peintre Steinhell, et ce n'est pas sa faute si elle n'y a pas ajouté ceux de M. Leroy-Beaulieu, qu'un juge d'instruction, non moins scélérat qu'imbécile, a déclaré s'être fusillé lui-même et, tout dernièrement, de Réal del Sarte, tous deux grièvement blessés.

Et, mettant le doigt sur une des plaies honteuses de notre pays, Rochefort ajoute :

Si son colonel apportait trop de zèle à la recherche des agresseurs, jamais il ne passerait général. Aussi ne les trouvera-t-on pas plus qu'on n'a trouvé les empoisonneurs de Syveton. On dénichera facilement quelque Boucard pour signer une ordonnance de non-lieu après l'instruction ouverte ou entr'ouverte contre « inconnu ». Cet inconnu a, en effet, bon dos, d'autant plus que l'ordre ministériel est donné de ne jamais lever son incognito. A la place du blessé, je me méfierais des tisanes qu'on m'apporterait sur mon lit de douleur et je ferais au préalable goûter par un chien fidèle les côtelettes qu'on me servirait à mes repas. Depuis que des mains criminelles ont saupoudré de cyanure de potassium la soupe des soldats d'un escadron, on ne saurait trop faire analyser ses aliments avant de les ingurgiter.

Il est de toute évidence que les francs-maçons ont voulu se débarrasser par le fer ou le poison de ce gêneur qui, tout adolescent qu'il est, jette la terreur dans le camp des youpins. Ceux-ci, d'une bravoure remarquable quand ils se savent à l'abri des représailles, deviennent d'une lâcheté invraisemblable sitôt qu'ils courent le moindre risque. L'assassinat franc-maçonnique ayant échoué et la blessure qu'a reçue le jeune del Sarte ne devant sans doute avoir d'autre résultat que de l'exaspérer contre les francs-maçons, ces malandrins, dont un gouvernement soucieux de la sécurité des citoyens aurait depuis longtemps fermé les ghettos, vont essayer de se rattraper au moyen des plus basses persécutions contre ce récalcitrant. Dès qu'il sera guéri, on se fera un devoir de lui faire tant et plus manger de la salle de police. Il restera pendant des semaines bloqué au quartier et les corvées les plus fatigantes lui seront spécialement imposées. Il faut absolument punir cet irréconciliable bleu de n'avoir pas consenti à se laisser assassiner tout à fait. Ses meurtriers voulaient, selon toute apparence, faire de lui un révolvérisé par persuasion. Sa mauvaise volonté à se laisser tuer mérite un châtiment exemplaire.

La presse *française* n'imita pas le grand exemple de générosité et de justice que venait de lui donner le républicain Rochefort.

L'état du blessé

Deux jours après son arrivée à Toul, Mme Réal del Sarte était repartie sans inquiétude dans la direction de la capitale ; la bonne humeur de son fils l'avait réconfortée. Maurice Pujo l'avait suivie de près.

Les premières constatations avaient été faites par le major Ost, dont les soins furent très dévoués. Selon lui, la balle était logée à quinze centimètres de profondeur dans le grand muscle externe de la jambe gauche; aucune complication n'était à craindre. Faute d'instruments de radiographie, il ne pouvait cependant affirmer son pronostic et, par suite, était contraint d'ajourner toute opération chirurgicale. La blessure, quoique douloureuse, n'offrait pas de danger imminent. Le blessé ne tarda pas à quitter le lit, dès que la fièvre eut disparu. Son appétit restait satisfaisant. Seule, une vive douleur s'acharnait à sa blessure.

Le personnel de l'hôpital militaire montra à son égard une sollicitude réconfortante. De multiples témoignages de sympathie lui arrivaient journellement de Paris et de la province. Il se sentait heureux de n'avoir pas péri ainsi, loin des siens, dans un simple guet-apens, hors de toute action utile à sa cause. De plus il oubliait, dans sa retraite forcée, les tracasseries du colonel Joly, les vexations du commissaire central Fougères.

A ce moment, il reçut la visite de M. Maizière,

rédacteur au *Gaulois.* Les entretiens de ce journaliste ne laissèrent pas de l'inquiéter, au point de vue politique, car il se demandait avec anxiété quelle pouvait bien être l'arrière-pensée de ce politicien, dont les questions pernicieuses l'exténuaient à bon droit. Nous ne voulons pas donner ici le détail des manœuvres odieuses auxquelles se prêta de bon gré le juif Arthur Meyer; en raison, non du caractère infâme de ces agissements, mais de l'influence qu'ils ont exercée par la suite sur la politique, nous leur avons consacré un chapitre spécial. Contentons-nous d'observer ici une légère rechute du malade due à ce simulacre dérisoire d'enquête tentée par l'envoyé du *Gaulois.* Maxime Réal del Sarte pressentait déjà les embûches de ce monde judéo-conservateur, dont le royalisme n'était fondé que sur l'intrigue ou sur l'égoïsme. Mais les idées neuves, le mouvement spontané et triomphant de l'Action Française s'opposèrent bien vite dans son esprit à toutes ces vilenies. Il songea à la vierge de Domrémy, que les intrigues de cour n'avaient pas empêché de rendre son monarque à la France. Puis il murmura doucement : « Ma foi, s'il faut souffrir autant qu'elle, nous lutterons quand même. »

L'infirmier chargé de la surveillance de Maxime Réal del Sarte, très inquiet d'abord de l'abattement qu'avait suscité cette crise chez le blessé, constata bientôt un changement notable. La gaieté reprenait le dessus, et, durant les trois semaines d'hôpital qui s'écoulèrent prestement, le président des Camelots du Roi n'eut à faire face à rien de saillant ; car on ne peut donner cette épithète aux démarches enfantines du gendarme que l'on avait chargé de le questionner, démarches que nous signalons d'autre part. Aux environs du 2 mars, une nouvelle lettre de menaces lui était cependant parvenue, ainsi qu'en témoigne cette dépêche :

Toul, 3 mars 1910

Blessure en excellent état. J'ai reçu une troisième lettre de menaces et d'injures imprimées au tampon et VENANT DE PARIS. Elle menace également Maurras, Pujo, Boisfleury, Daudet, Vaugeois. Attendons avec fierté et mépris. Amitié profonde et reconnaissante.

Maxime Réal del Sarte.

Dans la première quinzaine de mars, Réal del Sarte obtint un congé d'un mois de convalescence. Il devait quitter l'hôpital le 12 mars dans la matinée, afin de prendre le train pour Paris. Sa mère, arrivée quelques jours avant, s'occupait du départ de notre ami.

Au moment de partir, Maxime s'habillait de son uniforme militaire, un ordre du colonel lui fut communiqué. Cet ordre signifiait à Réal del Sarte derester à Toul, la balle n'étant pas extraite. Que s'était-il passé ? Avait-on reçu des ordres du ministère de l'Intérieur ? Avait-on reçu des instruments de radiographie, et dans ce cas allait-on opérer notre ami ? Il est possible, sinon probable que des instructions soient arrivées de Paris. Quant aux instruments nécessaires à l'extraction du projectile, il n'en était pas entré à l'hôpital.

Mme Réal del Sarte demanda des explications aux chefs militaires de son fils. Ceux-ci répondirent qu'on radiographierait notre ami au bout d'une quinzaine de jours. Sur les instances de la vaillante mère du blessé, l'autorité consentit à le renvoyer à Paris, à condition expresse que l'opération aurait lieu au Val-de-Grâce et serait à la charge et sous la responsabilité de Mme Réal del Sarte.

Le séjour du permissionnaire à Paris devait être d'un mois, mais le repos nécessaire à son état avant l'opération lui permit de faire prolonger assez longuement ce congé accordé par son colonel. Il ne boitait pas. Une simple faiblesse de la jambe occasionnait parfois des reculs, par suite d'insuffisance de l'effort. A cela seulement on constatait toujours la présence du plomb dans les chairs.

Le lundi 11 avril, il se rendit, sur convocation spéciale, à l'hôpital militaire du Val-de-Grâce. Là, il fut confié aux soins d'un docteur israélite, dans le service duquel il fut admis.

On commença par soumettre la blessure à un examen radiographique afin de définir l'endroit de la balle. Trois jours après, le 14 avril, on opéra le chef des Camelots du Roi. L'extraction douloureuse du projectile eut lieu sans emploi de chloroforme. On n'endormit pas le blessé, qui subit avec un calme et une résignation remarquable, maitrisant la souffrance et la répulsion, l'ablation du plomb. Aplatie contre l'os, la balle n'avait provoqué aucun abcès ni inflammation grave. Le blessé resta alité plusieurs jours. On lui notifia dans son lit une prolongation d'un mois à sa permission écoulée. Les formalités de sortie accomplies, le jeune soldat put enfin revoir le jour sans être obligé de se pencher et sans avoir besoin de soulever les rideaux de sa fenêtre.

Appuyé sur une haute canne de bois jaune à virole

d'argent, vêtu d'un complet jaquette noire et coiffé d'un chapeau melon, tel nous apparut Maxime le lendemain de sa sortie du Val-de-Grâce.

Pendant les longs jours de convalescence qu'il passa près de nous, il se plaignait souvent de sa jambe qui le faisait souffrir. Il boitait légèrement. Sa blessure ne guérissait pas. Le 10 août, il se rendit auprès d'un chirurgien militaire, pour obtenir une nouvelle prolongation de permission. Le médecin spécialiste examina avec attention le membre malade et n'en augura rien de bon ; d'après lui, un nerf avait été atteint, sinon complètement tranché, au cours de l'opération. L'Israélite coupable de cette mutilation avait-il agi sciemment ou par imprudence? Il ne sera jamais possible de le savoir. Cependant il est permis d'affirmer que la présence d'un tel officier au Val-de-Grâce est un scandale, soit par son ignorance et sa maladresse, soit par sa monstruosité. Maxime Réal del Sarte obtint sa prolongation de congé.

Il en profita pour suivre à Lourdes le pèlerinage national, où le suivirent quelques-uns de ses heureux amis. Là, ils purent se rendre compte que, si son physique se trouvait momentanément atteint, son moral n'avait pas changé. Bien des nobles Français de tous les âges étaient fiers d'entonner le soir, auprès de la Vierge du Rosaire, sous les plis de l'étendard qu'il faisait flotter au-dessus de leurs têtes, l'hymne de la Bienheureuse Jeanne d'Arc.

Ce fut une amusante comédie que cet envoi successif de feuilles de route pour telle ou telle ville de France, reçues de temps en temps par le convalescent, qui se les voyait retirer une à une. Le gouvernement avait assumé la tâche (et Dieu sait qu'il la trouva rude, s'il est exact qu'il n'y ait point failli !) de l'envoyer en garnison dans une ville qui ne possédât point de section d'Action Française. A-t-on solutionné l'affaire en envoyant à Aurillac Maxime Réal del Sarte ? Si nous étions rédacteurs à une revue populaire, nous nous empresserions de mettre cette question au concours.

Conclusion

Nous n'avons pas la prétention de dégager ici toutes les idées qu'ont pu faire ressortir les faits exposés dans ce volume; nous examinerons seulement celles qui, se rattachant le plus immédiatement à l'attentat, sont une leçon pour le futur; nous y ajouterons aussi quelques considérations qui renchérissent sur l'expérience déjà acquise du fléau démocratique. Et, pour être fidèle à notre système de débuter par les choses de moindre importance, mettons tout de suite Briand sur la sellette.

Il y a quelques jours à peine, Gustave Téry ouvrait dans *l'Œuvre,* des Assises, dont ses lecteurs devaient constituer le jury. Aristide Briand, qualifié de « Cynique », y comparaissait comme accusé. De tribunal point : la vérité n'aurait pu qu'y gagner, tant au point de vue du respect des textes que de la clarté des débats, s'il y avait eu débats ou texte. Les lecteurs-jurés devaient se contenter de choisir entre trois bulletins ainsi libellés : « Acquittement », « Circonstances atténuantes » ou « Mort ». Nous avons bien peur que l'ex-repris de justice soit condamné impitoyablement et à l'unanimité. Si le règlement l'eût permis, nous nous serions proposé comme avocat de ce misérable. Certes, il a mérité deux fois la mort, celui qui après avoir semé la révolte, réprime sévèrement ceux qu'il avait excités; ne doit-on pas cependant lui accorder le bénéfice des circonstances les plus atténuantes, quand on le compare à son complice? Le régime a été son complice, complice nécessaire, complice récidiviste. Briand ne doit sa fortune qu'à la République, qui seule l'a rendue possible. Clemenceau déjà, sous la poussée du régime, en son nom, avait à plusieurs reprises massacré les ouvriers.

Lorsqu'il s'agit de l'attentat de Toul, voilà que les rôles se renversent. Ce n'est plus le régime qui dirige l'homme, qui l'oblige à passer par certaines fluctuations, certaines influences. C'est le ministre qui se sert, à son tour, des rouages dans lesquels il s'était trouvé engrené. Lors de la grève des cheminots, Briand nous apparait comme le bras droit du parlementarisme; il porte les coups, mais il se sent soutenu par le Parlement, par Arthur Meyer, qui fait de lui un éloge pompeux; par Jaurès, qui lui tend la main dans les couloirs de la Chambre. S'il n'en était pas ainsi, Briand agirait autrement, car il tient à son portefeuille. Mais analysons la mentalité de Briand, assassin de Maxime Réal del Sarte. Briand sait que les Camelots du Roi sont partisans des représailles; il n'a pas intérêt à les attaquer. Il pourrait leur en vouloir de divulguer sans cesse son passé honteux; la prudence lui conseille d'éviter tout scandale. S'il tue, s'il ordonne de tuer, seul un sentiment de reconnaissance pour le régime qui l'a sorti de sa fange semble pouvoir l'inspirer. Il sait, en effet, il l'a déclaré au banquet Mascuraud, que la République doit compter avec l'Action Française; quoi de plus naturel que de la défendre? Non! ce mouvement n'est pas commandé par un sentiment auquel Briand ferait certainement défaut comme à tous, il est ordonné par une puissance supérieure, qui se révèle à nous sous quatre aspects différents: Métèques, Protestants,

Francs-Maçons et Juifs. Briand est l'homme de tout cela, c'est pour cela qu'il se sert du régime, c'est pour cela qu'il assassine.

Là encore des circonstances atténuantes s'imposent. La victime a survécu à l'attentat : nous présumons que cette raison a déterminé le menuisier Lacour à se contenter d'une paire de gifles. Cette sanction a pu paraître anodine à certains, exagérée à d'autres. Elle fut ce qu'il fallait qu'elle soit; l'exécution méthodique d'un acte réfléchi et prémédité de longue date.

Ce que nous savions déjà tous, mais qu'il fut pénible de constater de près, à propos de l'affaire de Toul, ce fut l'état lamentable de notre frontière de l'Est, en ce qui concerne les fournitures. La crainte momentanée d'une guerre avait dévoilé le manque de munitions, de provisions, de fourrages. Pouvait-on supposer que, dans une garnison aussi importante que Toul, on manquât des appareils nécessaires à l'extraction d'une balle? Qui donc aurait pu croire que le délai d'un mois ne fût pas suffisant pour se procurer un de ces appareils? Ce détail est grave, quand on songe à l'ennemi qui nous guette; un seul remède nous parait possible à cette incurie, le coup d'État prôné par Charles Maurras. Seule la monarchie est capable de rétablir l'ordre général, de refaire une armée forte et bien organisée. Elle regarnirait peu à peu nos magasins, nos poudrières, nos granges et nos hôpitaux. Elle reconstituerait le service des renseignements et, en maintenant à Toul un commissaire spécial, elle ne le chargerait plus de tendre des guet-apens aux pioupious nationaux, mais bien d'arrêter les espions, qui infestent notre territoire; tels ce Charles Goux, de Pont-à-Mousson, qui se livrait impunément à son lâche métier au fort de Trondes, au moment même où Maxime Réal del Sarte était persécuté par la police de Fougères.

Combien, à plus forte raison, serions-nous délivrés de ces officiers francs-maçons, qui ont introduit dans l'armée la délation ! Nous n'y verrions pas figurer non plus, du moins sous le même jour, des hommes comme le colonel Joly, réputé clérical et bien pensant, mais ami notoire de francs-maçons avérés et capables d'avilir l'uniforme au point de se prêter à de basses opérations de police, à de louches combinaisons de trahison politique. Nous savons qu'on nous reprochera d'attaquer l'armée en flétrissant de tels hommes, coupables uniquement d'absence de caractère, d'oubli de leur dignité. Pourquoi laisserait-on dans l'ombre cette histoire lamentable, quand nous y trouvons l'image du mal qui torture notre pays. Si les quelques coquins qui nous mènent ne trouvaient pas tant de complices, leur joug serait secoué bien vite. D'ailleurs, ce serait s'illusionner fort que de supposer qu'en ménageant ces officiers, on sauvegarde les intérêts de l'armée. Ce sont eux qui la détruisent, eux qui, n'opposant pas une force vive à sa désagrégation, ne s'aperçoivent pas du gouffre qui se creuse sous leurs pieds. Ils prétendent servir leurs intérêts particuliers, comme si ces intérêts n'étaient pas liés les uns aux autres par des liens de solidarité et des principes d'honneur qu'il faudrait avant tout préserver.

Ce faisceau de traditions, que l'armée française s'honorait autrefois de conserver intègre, le ministre de la Guerre le foula aux pieds devant les quatre officiers qui, le 4 mars 1910, vinrent lui rendre visite. Il dut trouver hardie cette interpellation spontanée et illégale sur sa propre dignité. Il lui sembla nécessaire de réprimer l'audace, qui créait un tel précédent. Que conclure de son acte, sinon que la République a fait de l'armée une école de lâcheté, et qu'à ce point de vue encore la restauration s'impose.

Après toutes ces constatations pénibles, tirons de cette histoire une idée réconfortante. La scène même de l'assassinat nous en offre l'image. Maxime Réal del Sarte est attaqué ; atteint d'un premier coup à la cuisse, il se gare du second, et court sus à ses ennemis qui s'enfuient ; il reste blessé, fatigué, mais maître du terrain. Que nos lecteurs nous permettent de tirer de ces faits un heureux augure. La France est bien malade, mais il lui reste encore un centre de vie, capable de la ranimer. L'Action Française est à la fois le cœur et le cerveau du pays. De nombreux ennemis l'attendent, embusqués dans les buissons de la route ; le premier coup de feu est parti aussi lâchement, aussi traîtreusement que celui tiré sur la route de Chaudenay. Mais l'Action Française n'a pas peur ; malgré la douleur du coup porté, elle marche droit sur ceux qui tentaient de l'assassiner et bientôt nous verrons les bandits en déroute.

TABLE DES MATIÈRES

J. Mersch, imp., 17, villa d'Alésia. Paris-14e. — 8913.

www.ingramcontent.com/pod-product-compliance
Ingram Content Group UK Ltd.
Pitfield, Milton Keynes, MK11 3LW, UK
UKHW022106190726
13855UKWH00002B/673

9 782013 349222